Hausbau: Recht und Verträge

- Bauen mit Architekt und Bauunternehmer
- Erwerb vom Bauträger
- Fertighauskauf

VERBRAUCHER
ZENTALE

Herausgeber

Verbraucher-Zentrale Nordrhein-Westfalen e. V.
Mintropstraße 27, 40215 Düsseldorf
Telefon: 02 11/38 09-0, Telefax: 02 11/38 09-1 72
E-Mail: publikationen@vz-nrw.de

Verbraucherzentrale Baden-Württemberg e. V.
Paulinenstraße 47, 70178 Stuttgart
Telefon: 07 11/66 91-10, Telefax: 07 11/66 91-50
E-Mail: info@verbraucherzentrale-bawue.de

Verbraucher-Zentrale Hamburg e. V.
Kirchenallee 22, 20099 Hamburg
Telefon: 0 40/2 48 32-0, Telefax: 0 40/248 32-2 90
E-Mail: info@vzhh.de

Verbraucher-Zentrale Hessen e. V.
Große Friedberger Straße 13–17, 60313 Frankfurt am Main
Telefon: 0 69/97 20 10-0, Telefax: 0 69/97 20 10-50
E-Mail: vzh@verbraucher.de

Verbraucher-Zentrale Niedersachsen e. V.
Herrenstraße 14, 30159 Hannover
Telefon: 05 11/9 11 96-0, Telefax: 05 11/9 11 96-10
E-Mail: info@vzniedersachsen.de

Verbraucherzentrale Bundesverband e. V. (vzbv)
Markgrafenstraße 66, 10969 Berlin
Telefon: 0 30/2 58 00-0, Telefax 0 30/2 58 00-2 18
E-Mail: info@vzbv.de

Text:	Dr. Peter Herz
Lektorat:	Wolfgang Starke
Lektoratsassistenz:	Anke Adolph
Gesamtproduktion:	punkt 8, Berlin
Fotografie:	Andreas Batke, Klein Schauen
Druck:	Rasch Druckerei und Verlag, Bramsche

1. Auflage, Februar 2002, 10.000 Exemplare
ISBN 3-933705-14-2, Printed in Germany

Inhalt

Vorwort

Freizeitforscher machen zu Beginn des 21. Jahrhunderts bei den Deutschen einen verstärkten Trend zur Häuslichkeit aus. Das Familienleben in den eigenen vier Wänden erfreut sich wachsender Wertschätzung. Gleichzeitig hat der Immobilienbesitz in der aktuellen Diskussion um die Altersvorsorge erheblich an Bedeutung gewonnen. Kein Wunder also, dass die amtliche Wohnungsprognose 2015 mindestens für die nächsten zehn Jahre eine wachsende Nachfrage nach Wohnungen voraussieht, wobei absehbar mehr als die Hälfte der Wohnungen in Ein- und Zweifamilienhäusern entstehen werden.

Damit wird die in Deutschland im internationalen Vergleich niedrige Wohneigentumsquote weiter langsam ansteigen. Am Ende des Jahres 2000 lebten 41,7 % aller deutschen Haushalte in den eigenen vier Wänden. Der Eigenheimbau wird also in den nächsten Jahren der Motor der insgesamt schwachen Baukonjunktur bleiben.

Das eigene Haus mit Garten als Ziel der privaten Vorsorge- und Lebensplanung – nicht verschwiegen werden soll an dieser Stelle jedoch die ökologische Kehrseite des Traums von den eigenen vier Wänden. Durch immer neue Ein- und Zweifamilienhäuser werden Städte und Gemeinden weiter zersiedelt, wird noch mehr Boden versiegelt. Und wenn Neubaugebiete nicht oder unzureichend an das öffentliche Verkehrsmittelnetz angeschlossen sind, hat das weitere Umweltbelastungen zur Folge. Wenn Sie also den berechtigten Wunsch nach den eigenen vier Wänden hegen, dann prüfen Sie immer auch, ob sich Ihre Wohnbedürfnisse nicht auch im Hausbestand, in einem Altbau, in einem nach Ihren Vorstellungen umgebauten Haus verwirklichen lassen, bevor Sie sich für einen Neubau entscheiden.

Dieser Ratgeber konzentriert sich auf die rechtlichen Fragen des Bauens und damit auf einen Bereich, in dem Bauherren erfahrungsgemäß ein hohes Maß an Vertrauensseligkeit und Risikobereitschaft an den Tag legen. Denn gerade bei den vertraglichen Gestaltungsmöglichkeiten eines Bauvorhabens bestehen bei Bauherren erhebliche Informationsdefizite.

Wir stellen Ihnen im **1. Kapitel** die unterschiedlichen Varianten des Eigenheimbaus vor: das Bauen mit Architekt und Bauunternehmer, den Erwerb eines Hauses von einem Bauträger und den Kauf eines Fertighauses.

Im **2. Kapitel** über das »klassische« Architektenhaus werden die einzelnen vertraglichen Schritte eines Bauvorhabens erläutert: der Grundstückserwerb, die Baugenehmigung, die Zusammenarbeit mit dem Architekten und der eigentliche Bauvertrag mit dem Bauunternehmer. Hier zeigt sich im Detail, wie komplex sich die rechtliche Abwicklung eines Bauvorhabens darstellt. Die beiden folgenden Kapitel über die »schlüsselfertigen« Angebote des Bauträger- und des Fertighauses beschränken sich im Wesentlichen darauf, die vertraglichen Abweichungen vom Hausbau mit einem Architekten aufzuzeigen. Das **3. Kapitel** hat den Erwerb eines Hauses vom Bauträger und damit die heutzutage bei weitem häufigste Variante des privaten Wohnungsbaus zum Thema. Der Kauf eines Fertighauses mit den entsprechenden vertraglichen Regelungen ist Gegenstand des **4. Kapitels**.

Abschließend soll im **5. Kapitel** eine Checkliste über die häufigsten Fehler beim Bauen noch einmal zeigen, wie Sie möglichen Problemen bei Ihrem zukünftigen Bauvorhaben schon frühzeitig vorbeugen können.

1

Hausbau

Gestaltungsmöglichkeiten, Kosten und Risiken im Überblick

Der Wunsch nach den eigenen vier Wänden

In den eigenen vier Wänden zu wohnen, gehört in Deutschland nach wie vor zu den am häufigsten genannten Zielen der privaten Lebens- und Vermögensplanung. Die Gründe hierfür sind vielfältig. An erster Stelle steht der Wunsch nach Unabhängigkeit und Selbständigkeit. Vor allem diejenigen Bauherren, die bislang zur Miete wohnten, betonen diesen Punkt immer wieder. Hintergrund hierfür sind nicht selten Auseinandersetzungen zwischen Mieter und Vermieter, die den Wunsch nach dem eigenen Haus stärker werden lassen.

Solide Vermögensbildung durch Investition in Immobilie

Genauso wichtig erscheint vielen Bauherren der Aspekt der Vermögensbildung. Allen Unkenrufen zum Trotz stellt die Investition in eine Immobilie nach wie vor ein äußerst solides Engagement dar. Die jüngsten Kursbewegungen am Aktienmarkt belegen dies eindrücklich. Die Immobilienpreise bewiesen hingegen in den vergangenen Jahrzehnten eine bemerkenswerte Stabilität. Unabhängig von der konjunkturellen Entwicklung sind die in der Vergangenheit beobachteten Preisschwankungen am Immobilienmarkt im Verhältnis zu den Kursschwankungen am Kapitalmarkt geradezu geringfügig.

Die eigenen vier Wände als Teil der privaten Altersvorsorge

Mit dem Gedanken der Vermögensbildung geht auch der Wunsch nach einer sicheren Altersvorsorge einher. Ziel vieler Bauherren ist es, spätestens bis zum Eintritt ins Rentenalter die aus dem Hausbau resultierenden finanziellen Verpflichtungen abgelöst zu haben. Damit ist zumindest sichergestellt, dass am Ende des Erwerbslebens keine Aufwendungen für die eigenen vier Wände mehr anfallen, jedenfalls im Hinblick auf die regelmäßig anfallenden Kosten des Wohnens, wie etwa Miete oder Zins- und Tilgungszahlungen. Für die laufende Instandhaltung und eventuelle Reparaturen muss selbstverständlich auch in dieser Zeit Vorsorge getroffen werden. Vor diesem Hintergrund wird besonders deutlich, wie wichtig die solide und rechtzeitige finanzielle Planung eines Bauvorhabens ist.

Neubau bietet die umfangreichsten individuellen Gestaltungsmöglichkeiten

Schließlich bietet nur der Bau der eigenen vier Wände die Möglichkeit, individuelle Ansprüche und Gestaltungswünsche zu verwirklichen. Dies gilt sowohl für die architektonische und stilistische Gestaltung des Objekts als auch für konkrete Nutzungsmöglichkeiten. Wer für ein bestimmtes Hobby besonderen Raumbedarf hat, wird diesen nicht immer in einem Mietobjekt antreffen. Aber auch derjenige, der in den eigenen vier Wänden nicht nur wohnen, sondern auch arbeiten möchte, kann über eine individuelle Planung seine privaten und beruflichen Ansprüche optimal verwirklichen. Dies gilt vor allem dann, wenn es darum geht, den beruflich genutzten Teil des Objekts so zu planen, dass eine steuerliche Anerkennung möglich ist. Gerade das lassen Bestandsobjekte, die auf dem Markt angeboten werden, oft nicht zu.

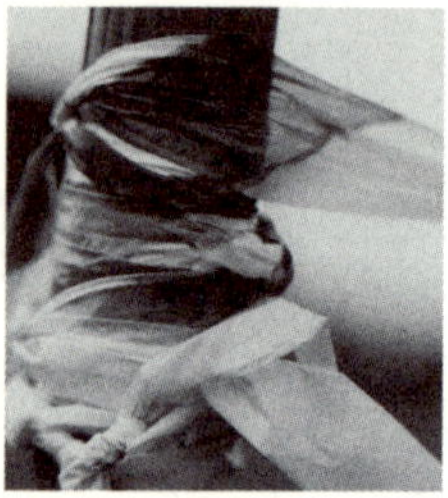

Risiken realistisch einschätzen

Dass der Bau der eigenen vier Wände mit Risiken verbunden ist und nicht selten ein Abenteuer darstellt, ist allgemein bekannt. Jeder kennt Fälle aus dem Freundes- und Bekanntenkreis, die geeignet sind, von einem Bauvorhaben Abstand zu nehmen. Hinzu kommen immer wieder Berichte in den Medien, in denen Einzelfälle dargestellt werden, die für die betroffenen Familien im Desaster geendet haben. Derartige Erfahrungen sollten Sie jedoch nicht von einem sorgfältig vorbereiteten Bauprojekt abhalten.

Allerdings ist es sinnvoll, sich die mit dem Bau einhergehenden Risiken in jeder Phase bewusst zu machen. Die Erfahrung zeigt, dass ganz besonders diejenigen Bauherren gefährdet sind, die ihr Vorhaben in Unkenntnis jeglicher Risiken angegangen sind. Das blinde Vertrauen in einen ordnungsgemäßen Bauablauf ist keinesfalls ausreichend. Nur wer weiß, wo die Gefahren lauern, kann sich entsprechend darauf vorbereiten und Vorsorge treffen. Wer mit diesem Bewusstsein die Planung und Durchführung des Bauvorhabens in Kooperation mit kompetenten Baupartnern angeht, ist bereits vor den schlimmsten Überraschungen geschützt.

Mangelnde Planung, Kosten- und Terminüberschreitung, Baumängel, Unternehmerinsolvenz: vielfältige Ursachen für finanzielle Risiken beim Bauen

Die Hauptgefahr beim Bauen besteht darin, dass eine der beiden Seiten – Bauherr oder Bauunternehmer – in finanzielle Bedrängnis gerät. Auf Seiten des Bauherrn kann es hierfür verschiedene Gründe geben, an allererster Stelle eine unzureichende finanzielle Planung des Vorhabens. Auch dass Baukosten überschritten und vereinbarte Termine nicht eingehalten werden, gehört hierzu. Die beste Finanzplanung nützt nichts, wenn während des Bauverlaufs die veranschlagten Kosten wesentlich steigen. Genauso gefährlich sind Baumängel, die erst nach Ablauf der Gewährleistungsfrist zutage treten. In diesem Fall geht die Beseitigung der Mängel zu Lasten des Bauherrn. Gerade in den ersten Jahren der Finanzierung ist die finanzielle Situation vieler Bauherren erfahrungsgemäß angespannt. Wenn dann erhebliche Kosten für die Beseitigung von Mängeln aufgewendet werden müssen, gerät die Finanzplanung schnell außer Kontrolle.

Kein Einzelfall: Insolvenz von Bauunternehmern und Handwerksbetrieben

Aber auch dann, wenn Bauunternehmer oder Handwerker Insolvenz anmelden müssen, kann dies mit erheblichen finanziellen Nachteilen für den Bauherrn verbunden sein. Geschieht dies vor Abschluss der Bauarbeiten, muss möglichst schnell ein anderer Unternehmer gefunden werden. Nicht immer wird dieser zu den mit dem Vorgänger vereinbarten Konditionen arbeiten wollen. Finanzielle Schäden können aber auch daraus resultieren, dass an den in Konkurs gegangenen Unternehmer Zahlungen geleistet worden sind, die über den Umfang der von ihm tatsächlich erbrachten Leistungen hinausgehen. Derartige Überzahlungen sind meist verloren und schlagen sich demgemäß besonders schwerwiegend auf das Budget des Bauherrn nieder.

Das Insolvenzrisiko besteht jedoch nicht nur während der Bauzeit, sondern auch noch während der sich anschließenden Gewährleistungsfrist. Die beste Vereinbarung zur Gewährleistung nützt Ihnen als Bauherr nämlich nichts, wenn der betreffende Unternehmer während der Gewährleistungszeit insolvent wird. Ihre Gewährleistungsansprüche sind dann wertlos, und sämtliche Kosten der Mängelbeseitigung gehen zu Ihren Lasten.

Ohne Zweifel können derartige Situationen in Extremfällen zu existenziellen Schwierigkeiten auf Seiten des Bauherrn führen. Dennoch gibt es eine Reihe von Maßnahmen, mit denen sich diese Risiken zumindest reduzieren lassen. Dies beginnt mit der Auswahl und Prüfung des Bauunternehmers und endet mit einer Vertragsgestaltung, welche die

Interessen des Bauherrn angemessen berücksichtigt. Auf diese Maßnahmen im Einzelnen wird in den entsprechenden Kapiteln dieses Ratgebers eingegangen.

Die verschiedenen Varianten beim Bauen

Der Bau der eigenen vier Wände kann auf ganz unterschiedliche Weise abgewickelt werden. Abhängig von den Ansprüchen und Wünschen des Bauherrn stellt der Markt sämtliche »Fertigungstiefen« zur Verfügung.

Direkte Beauftragung von Architekt, Bauunternehmer und -handwerkern durch den Bauherrn

Zu nennen ist zunächst das so genannte **Architektenhaus.** Hier erwirbt der Bauherr zunächst ein Grundstück und beauftragt anschließend einen Architekten mit der Planung und Überwachung des Bauvorhabens. Sowohl der Bauunternehmer als auch die übrigen am Bau beteiligten Handwerker werden vom Bauherrn direkt beauftragt. Der Architekt unterstützt ihn bei der Auswahl der geeigneten Unternehmer sowie bei deren Beauftragung. Dies ändert jedoch nichts daran, dass der Bauherr eine ganze Reihe von einzelnen Verträgen abschließt. Damit

ist naturgemäß ein erhöhter Koordinations- und Verwaltungsaufwand verbunden. Der Bauherr muss sich mit jedem einzelnen Vertragspartner gesondert auseinandersetzen.

Generalunternehmer und -übernehmer erledigen Beauftragung aller am Bau beteiligten Firmen

Dieser Aufwand lässt sich reduzieren, indem ein so genannter **Generalunternehmer** beauftragt wird. Unter einem Generalunternehmer versteht man einen Handwerker, der eine Reihe von Leistungen im eigenen Betrieb erbringt und im Übrigen auf Drittunternehmer zurückgreift.

Beispiel
Ein mittelständischer Schreinereibetrieb übernimmt die Errichtung eines Holzhauses sowie dessen Ausbau. Für die Errichtung des Kellers, die Ausführung der Elektro- und Sanitärarbeiten beauftragt er jedoch andere Handwerker.

Die Besonderheit in diesem Fall besteht darin, dass der Bauherr lediglich einen Vertrag mit dem Generalunternehmer abschließt. Soweit der Generalunternehmer andere Handwerker beauftragt, geschieht dies im eigenen Namen. Für Sie als Bauherr ist dies insoweit von Vorteil, als Sie mit den vom Generalunternehmer beauftragten Handwerkern keinerlei vertragliche Beziehungen haben. Im Verhältnis zu Ihnen ist allein der Generalunternehmer für das ordnungsgemäße Erbringen der von ihm insgesamt übernommenen Leistungen verantwortlich.

Generalübernehmer erbringt keine eigenen Bauleistungen

Eine leichte Abwandlung des Modells General*unter*nehmer besteht darin, einen so genannten General*über*nehmer zu beauftragen. Im Gegensatz zum Generalunternehmer erbringt ein **Generalübernehmer** überhaupt keine Leistungen im eigenen Betrieb. Er vergibt vielmehr sämtliche Arbeiten an andere Unternehmer und Handwerker, die er lediglich koordiniert. Für Sie als Bauherr ist die Rechtslage genauso wie beim Generalunternehmer: Vertragliche Beziehungen bestehen lediglich zwischen Ihnen und dem Generalübernehmer.

Haus und Grundstück »aus einer Hand«

Im Gegensatz zu den vorgenannten Modellen steht der Erwerb vom **Bauträger.** Dieser zeichnet sich dadurch aus, dass er nicht nur für die Planung und das Erbringen der Bauleistung, sondern auch für die Beschaffung des Grundstücks verantwortlich ist. Der Bauträger liefert sozusagen »alles aus einer Hand«. Entsprechend wird beim Erwerb vom Bauträger auch nur ein einziger Vertrag, der Bauträgervertrag, abgeschlossen. Der Bauträger erwirbt dann im eigenen Namen das Grundstück, beauftragt die Planung sowie die gesamte Bauausführung.

Schnelle Fertigstellung senkt die Finanzierungskosten

Eine weitere Variante, die auf Seiten des Bauherrn normalerweise ein entsprechendes Grundstück voraussetzt, ist der **Kauf eines Fertighauses.** Hier gibt es eine ganze Reihe von Unternehmen, die Fertighäuser in unterschiedlichen Stilen und Ausführungen anbieten. Der große Vorteil für Sie als Käufer besteht darin, dass das vorgefertigte Haus innerhalb von wenigen Tagen errichtet werden kann. Dies spart auf Seiten des Bauherrn Finanzierungskosten, die sonst während der Bauphase anfallen würden. Als zusätzliche Leistung holen Fertighausanbieter häufig auch die Baugenehmigung ein. In vielen Fällen sind hierfür sogar eigene Architekten angestellt.

Viel Spielraum für Eigenarbeit und damit finanzielle Einsparpotenziale

Zunehmender Beliebtheit erfreuen sich in letzter Zeit die so genannten **Ausbauhäuser.** Erworben werden können diese von Anbietern, die Fertighausherstellern vergleichbar sind. Bei diesem Modell wird ein Teil der Ausbauarbeiten dem Bauherrn überlassen. Je nach dessen Leistungskraft und Geschicklichkeit lassen sich auf diese Weise zum Teil erhebliche Beträge sparen. Allerdings darf nicht verschwiegen werden, dass der damit verbundene Aufwand immer wieder unterschätzt wird. Eigenleistungen sind im

Übrigen sowohl beim Bau mit einem Architekten als auch beim Erwerb vom Bauträger möglich. Bei den Anbietern von Ausbauhäusern liegt jedoch ein Teil des Service darin, dass die Vorarbeiten in einer Weise erbracht werden, die dem Bauherrn den »Anschluss« erleichtert. Außerdem gehört zum Leistungsangebot dieser Anbieter nicht selten die Schulung und baubegleitende Betreuung des Bauherrn. In Einzelfällen gibt es sogar eine Hotline, über die der Bauherr im Notfall jederzeit Hilfe erhalten kann.

Der Vollständigkeit halber ist hier noch der **Erwerb eines sanierungsbedürftigen Altbaus** zu nennen. Diese Situation ist letztlich vergleichbar mit dem Bau eines Architektenhauses. Auch bei der Sanierung eines Bestandsobjekts müssen – nicht unerhebliche – Planungsleistungen erbracht und Handwerker beauftragt und überwacht werden, sodass sich hier für den Bauherrn keine wesentlichen Unterschiede ergeben. Selbstverständlich kann auch die Sanierung eines Gebrauchtobjekts erfolgen, indem ein Generalunternehmer oder ein Generalübernehmer beauftragt wird.

Worin unterscheiden sich die Varianten?

Architektenhaus: Gestaltungsfreiheit versus Koordinierungsaufwand

Wenn Sie sich als Bauherr zwischen den beschriebenen Varianten des Bauens entscheiden möchten, ist es besonders wichtig, die hauptsächlichen Unterschiede zu kennen. Was Gestaltungsfreiheit und Individualität angeht, ist sicherlich das Architektenhaus an erster Stelle zu nennen. Aus rechtlicher Sicht ist damit für den Bauherrn jedoch die aufwändigste Gestaltung verbunden. Durch die Vielzahl seiner Vertragspartner wird auch sein Koordinierungsaufwand komplexer. Dieser Aufwand vermindert sich zumindest teilweise bei der Einschaltung eines Generalunternehmers oder -übernehmers.

Erwerb vom Bauträger: finanzielle Planungssicherheit

Wer hingegen den eigenen Aufwand so gering wie möglich halten möchte, entscheidet sich im Zweifel für den Erwerb vom Bauträger. Diese Variante bietet unter dem Gesichtspunkt der Mittelplanung einen weiteren Vorteil: Der Erwerb vom Bauträger erfolgt in aller Regel zum Festpreis. Dies gilt zumindest dann, wenn die Festpreisklausel (☞ Seite 107, 118) »wasserdicht« ist und diese Klausel auch nicht durch spätere Sonderwünsche verwässert wird. Als Erwerber wissen Sie also sehr genau, welche Kosten insgesamt auf Sie zukommen. Diese finanzielle Planungssicherheit ist beim Bauen mit dem Architekten keinesfalls gewährleistet. Die Erfahrung zeigt vielmehr, dass Kostenüberschreitungen häufiger vorkommen, als dies so mancher Bauherr angenommen hatte.

Pauschalpreisvereinbarungen sind allerdings auch beim Generalunternehmer- und beim Generalübernehmermodell möglich. Kostenrisiken ergeben sich dort dann lediglich aus dem Grundstückserwerb und der Planung des Bauvorhabens.

Fertighauskauf: überschaubare Kostenplanung versus Abstriche bei der individuellen Gestaltung

Wer die auf ihn zukommenden Kosten möglichst genau vorhersehen möchte, ist auch beim Erwerb eines Fertighauses gut bedient. Der Kaufpreis steht hier von vornherein fest. Da meist auch die Errichtung des Hauses vom Anbieter übernommen wird, bleiben lediglich noch die Kosten für den Grundstückserwerb und die damit zusammenhängenden Nebenkosten. All diese Positionen lassen sich sehr genau kalkulieren, bieten also ein besonders hohes Maß an finanzieller Planungssicherheit.

Sowohl beim Bauträger- als auch beim Fertighaus müssen Sie als Erwerber jedoch in puncto Individualität Abstriche hinnehmen. Je nachdem, in welcher Phase Sie den Bauträgervertrag unterzeichnen, können individuelle Wünsche durchaus noch berücksichtigt werden. Dies darf jedoch nicht darüber hinwegtäuschen, dass der Spielraum des

Bauträgers normalerweise beschränkt ist, was nicht zuletzt mit dem von ihm versprochenen Festpreis zusammenhängt. Wer hingegen mehr Wert auf eine individuelle Innenausstattung legt, kann mit dem Erwerb vom Bauträger durchaus gut fahren. Über die Vereinbarung von Sonderwünschen – verbunden mit entsprechenden Zusatzkosten – lassen sich individuelle Vorstellungen weitgehend realisieren.

Letztlich muss jeder Bauherr für sich selbst prüfen, welche Variante die für ihn am besten geeignete ist. Eine Hilfestellung hierbei kann die folgende Übersicht bieten.

Die verschiedenen Varianten beim Bauen

	Bauen mit Architekt und Bauunternehmer	Erwerb vom Bauträger	Generalunter- oder -übernehmer	Fertighaus-erwerb
Gestaltungs-freiheit	unbeschränkt	eingeschränkt	unbeschränkt	sehr eingeschränkt
Kosten-sicherheit	nur in begrenztem Umfang	sehr hoch	hoch	sehr hoch
Bauherren-risiko	Bauherr	Bauträger	Bauherr (eingeschränkt)	Bauherr (eingeschränkt)
notarielle Beurkundung	nur Grundstückskauf	erforderlich	nur Grundstückskauf	nur Grundstückskauf
Eigenleistungen möglich?	ja	teilweise	teilweise	eingeschränkt (Ausbau-leistungen)
Berücksichtigung von Sonder-wünschen	uneingeschränkt möglich	eingeschränkt	uneingeschränkt	sehr eingeschränkt
Verträge	• Bauvertrag • Handwerkerverträge • Architektenvertrag • Grundstückskaufvertrag	• Bauträger-vertrag	• Grundstücks-kaufvertrag • GÜ/GU-Vertrag • Architektenvertrag	• Grundstücks-kaufvertrag • Fertighaus-vertrag

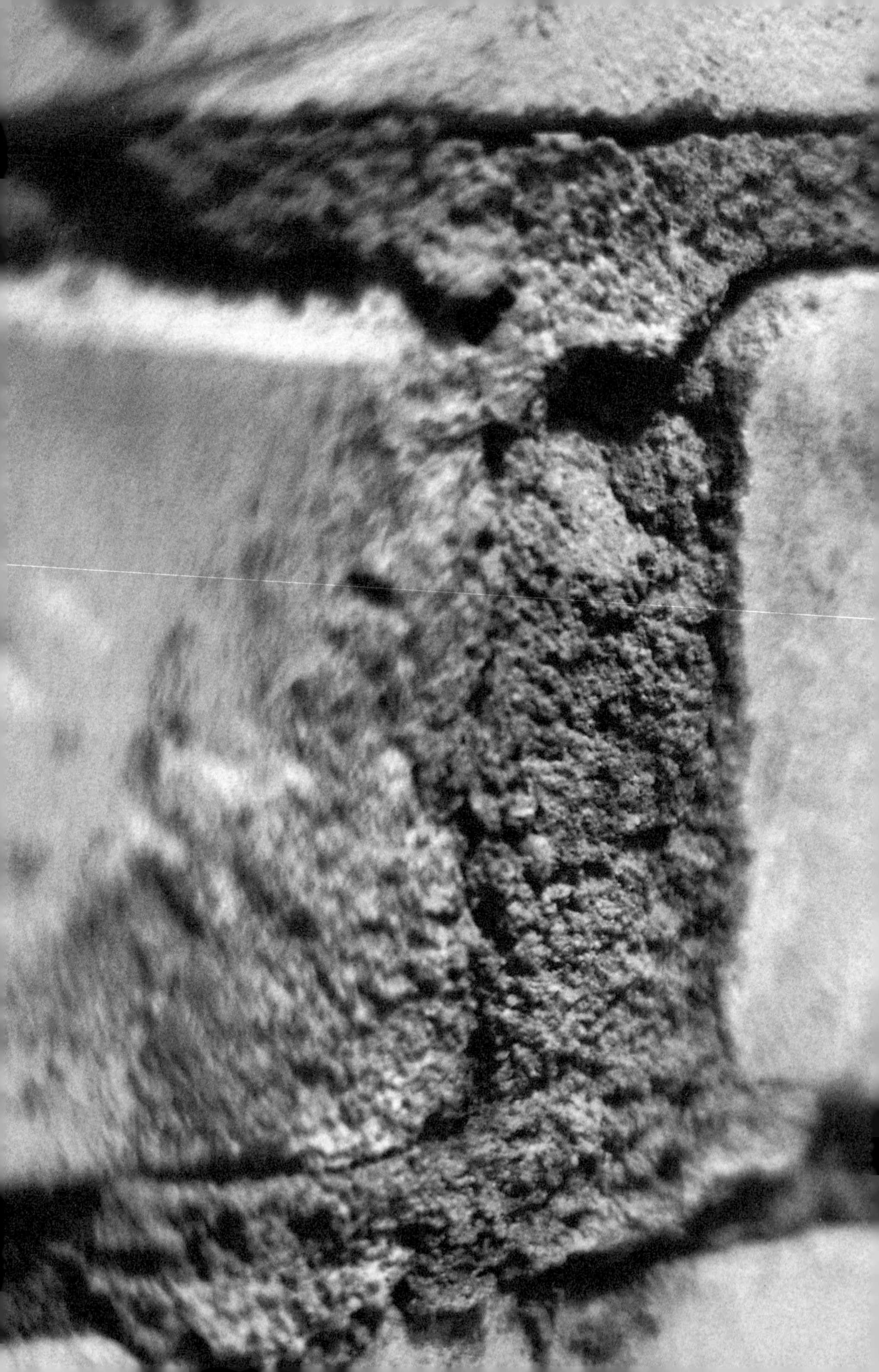

2

Bauen mit Architekt und Bauunternehmer

Grundstückserwerb

Die Suche nach dem geeigneten Grundstück

Bei der Grundstückssuche möglichst viele Informationsquellen nutzen

Nachdem der Entschluss zum Bau der eigenen vier Wände gefallen ist, beginnt normalerweise die Suche nach einem geeigneten Baugrundstück – angesichts des sich verknappenden Angebots an Bauland und der weiter steigenden Preise kein leichtes Unterfangen. Wer nicht in der glücklichen Lage ist, bereits über ein Grundstück zu verfügen, sollte deshalb bereits bei der Baulandsuche systematisch vorgehen. Dies bedeutet in erster Linie, sämtliche verfügbaren Informationsquellen in Anspruch zu nehmen. Je konsequenter Sie diese ausschöpfen, desto eher wird Ihre Suche erfolgreich sein.

Erkundigen Sie sich zunächst beim zuständigen **Bauamt,** ob die Ausweisung neuer Baugebiete bevorsteht. Als hilfreich haben sich auch Inserate im **Immobilienteil der**

örtlichen Tageszeitung unter der Rubrik »Grundstück gesucht« erwiesen. Machen Sie in Ihrem Inserat deutlich, dass es sich um eine Anzeige »von privat« handelt. Im Immobilienteil der Tageszeitungen werden – meist in den Wochenendausgaben – Grundstücksangebote von Maklern und Privatpersonen veröffentlicht.

Auch Fertighausanbieter haben mitunter Bauplätze im Angebot

Sprechen Sie auch die örtlichen und umliegenden **Bauunternehmen** an, ob diese Grundstücke anbieten oder vermitteln können. Auch wenn solche Angebote meist mit dem Wunsch nach einem Bauauftrag verbunden sind, sollten Sie diese Möglichkeit in jedem Fall ausloten. Nicht selten verfügen auch Fertighausanbieter über Baugrundstücke, die sie »auf Vorrat« erworben haben. Unter Umständen sind diese auch bereit, an Interessenten zu verkaufen, die kein Fertighaus erwerben möchten. Bauträgerfirmen haben ebenfalls häufig Grundstücke in ihrem Bestand.

Auch in den **Immobilienabteilungen von Banken und Sparkassen** werden häufig Grundstücke vermittelt. Sprechen Sie deshalb alle in der Region tätigen größeren Institute an.

Obwohl dies nur in seltenen Fällen erfolgreich ist, sollten Sie auch die amtlichen Bekanntmachungen über die bevorstehenden **Zwangsversteigerungstermine** studieren. Meist werden dort jedoch bebaute Grundstücke versteigert.

Schließlich besteht noch die Möglichkeit, im privaten Bereich das Suchanliegen publik zu machen. Nutzen Sie deshalb Ihre **privaten und geschäftlichen Kontakte,** indem Sie dort immer wieder nach Baugrundstücken fragen. Auch an **Infotafeln von Supermärkten und Sportvereinen** können Sie mit wenig Aufwand Ihr Gesuch anbringen. Besonders hartnäckige Interessenten gehen das ins Auge gefasste Gebiet Straße für Straße ab und erkundigen sich dort nach den Besitzern unbebauter Grundstücke.

Maklerprovision erhöht die Erwerbskosten

Auch wenn dies mit zusätzlichen Kosten in Form einer Provision verbunden ist, sollten Sie die am Ort tätigen **Makler** kontaktieren. Ein erfahrener Makler weiß häufig über bevorstehende Entwicklungen am örtlichen Markt Bescheid und kann dadurch wertvolle Hinweise geben. Bedenken Sie jedoch Folgendes: Wenn Sie einen Makler mit der Suche nach einem Baugrundstück beauftragen, können Sie leicht Ihre Erwerbskosten erhöhen. Immer wieder kommt es in solchen Fällen vor, dass der Makler dem Auftraggeber ein Grundstück präsentiert, das dieser vom Verkäufer auch direkt hätte erwerben können. Deshalb scheint es sinnvoll, den Makler lediglich gezielt nach Grundstücken zu befragen, die er bereits »im Bestand« hat.

Auswahl des Baugrundstücks

Die Lage ist das wichtigste Kriterium für den Wert einer Immobilie

Der Wert einer Immobilie hängt in allererster Linie von deren Lage ab. Aus diesem Grund ist die Auswahl eines geeigneten Grundstücks von entscheidender Bedeutung, auch aus den bereits angesprochenen Gründen der Vermögensbildung und Altersvorsorge. Nur eine gute Lage sichert Ihnen auch über längere Zeiträume hinweg einen Wertbestand.

Erst wenn Sie wissen, welche Anforderungen das gewünschte Baugrundstück erfüllen muss, können Sie auch dessen Preis sinnvoll einschätzen. Bei der Bestimmung der wichtigsten Kriterien können Sie sich an der folgenden Tabelle orientieren. Ergänzen Sie die Liste gegebenenfalls um eigene Punkte, um ein möglichst vollständiges »Profil« des gesuchten Grundstücks zu erhalten.

Baulandsuche – die wichtigsten Kriterien			
	sehr wichtig	wichtig	weniger wichtig
Ausstattungsqualität	☐	☐	☐
Bodenverhältnisse, Tragfähigkeit des Grundstücks	☐	☐	☐
Himmelsrichtung	☐	☐	☐
Lichteinfall	☐	☐	☐
Erschließungszustand der Umgebung	☐	☐	☐
aktuelle Planungsvorhaben der Gemeinde in der näheren Umgebung	☐	☐	☐
Lärm	☐	☐	☐
Baubeschränkungen	☐	☐	☐
Baulasten (z. B. Wegerecht)	☐	☐	☐
Beschränkungen der Nutzbarkeit des Grundstücks für andere Zwecke (z. B. Werkstatt, Büro)	☐	☐	☐
Baumbestände (Baumschutz)	☐	☐	☐
Image des Wohngebiets	☐	☐	☐
Altersstruktur der Nachbarn	☐	☐	☐
Verkehrsanbindung	☐	☐	☐
Einkaufsmöglichkeiten in der Nähe	☐	☐	☐
öffentliche Einrichtungen in der Nähe	☐	☐	☐
Freizeiteinrichtungen in der Nähe	☐	☐	☐
Kindergärten, Schulen in der Nähe	☐	☐	☐
Arbeitsplatz in der Nähe	☐	☐	☐
Banken, Behörden, Ärzte in der Nähe	☐	☐	☐
Preis-Leistungs-Verhältnis	☐	☐	☐
Wiederverkaufswert	☐	☐	☐
	☐	☐	☐
	☐	☐	☐

Vorsicht bei Altlasten

Altlasten spielen beim Erwerb eines Baugrundstücks eine ganz besondere Rolle. Die Beseitigung von Verunreinigungen oder von vergifteten Böden ist häufig mit erheblichen finanziellen Aufwendungen verbunden.

Dabei müssen Sie als Bauherr Folgendes wissen: Sobald Sie Eigentümer eines belasteten Grundstücks geworden sind, sind Sie im Verhältnis zur Sanierungsbehörde für die Beseitigung dieser Verunreinigungen haftbar. Die zuständige Stelle ist also nicht gezwungen, den Verursacher

Der Grundstückseigentümer wird für die Sanierung eventueller Altlasten haftbar gemacht

– falls sich dieser überhaupt noch feststellen lässt – in Anspruch zu nehmen. Nach den gesetzlichen Bestimmungen ist die Behörde berechtigt, den jeweiligen Eigentümer des Grundstücks zur Verantwortung zu ziehen. Da die Sanierungskosten den Grundstückspreis leicht übersteigen können, sollten Sie sich mit der Vergangenheit des ins Auge gefassten Bauplatzes näher befassen. Ohne entsprechende Regelungen im Kaufvertrag haben Sie meist auch keine Regressansprüche gegen den Verkäufer.

Informieren Sie sich gezielt über die frühere Nutzung eines Grundstücks

Um so mehr sollten Sie vor Unterzeichnung des Kaufvertrags prüfen, inwieweit das Grundstück belastet sein könnte. Entscheidend sind dabei die früheren Nutzungen. Sprechen Sie deshalb zunächst Nachbarn und Anwohner der näheren Umgebung gezielt darauf an. Wenn Sie hören, dass auf dem Grundstück früher eine Tankstelle, eine Reinigungsfirma, ein Produktionsbetrieb oder dergleichen tätig war, sollten Sie vorsichtig sein. Erkundigen Sie sich, ob für das betreffende Gebiet ein so genanntes Altlastenverzeichnis geführt wird. Wenn ja, sollten Sie bei der Behörde nachfragen, ob das von Ihnen anvisierte Grundstück dort aufgeführt ist. Auch ein Blick ins Grundbuch (☞ Seite 27) kann Aufschluss darüber geben, ob einschlägige Handwerks- oder Industriebetriebe dort als Voreigentümer eingetragen sind. Wenn sich Anhaltspunkte für eine Verunreinigung des Bodens ergeben, sollten Sie den Kauf sehr gründlich überdenken.

Zu den kaum vorherzusehenden finanziellen Risiken kommt noch der zeitliche Aspekt: Die Sanierung von Altlasten nimmt oft Jahre in Anspruch. Solange die Sanierung nicht abgeschlossen ist, werden Sie jedoch auch keine Baugenehmigung erhalten. Sollten Sie sich dennoch zum Kauf entschließen, sprechen Sie vorher unbedingt mit einem Bodengutachter. Außerdem sollten Sie in jedem Fall eine entsprechende Regelung in den Kaufvertrag aufnehmen.

Das Grundbuch als Informationsquelle

Eine wichtige Informationsquelle über Baugrundstücke ist das Grundbuch. Es wird beim jeweiligen Amtsgericht geführt und kann bei Vorliegen eines »rechtlichen Interesses« eingesehen werden.

Aktueller Grundbuchauszug – wichtige Unterlage für Kaufverhandlungen

Kaufinteresse allein begründet allerdings grundsätzlich kein Einsichtsrecht. Wenn Ihnen der Grundstückseigentümer jedoch eine kurze schriftliche Bestätigung ausstellt, wonach Sie mit ihm in Verhandlungen stehen, ist dies kein Problem. Alternativ können Sie auch den Eigentümer selbst bitten, einen aktuellen Grundbuchauszug einzuholen. Welche Informationen können Sie aus dem Grundbuch entnehmen? Hier ist es zunächst wichtig, den Aufbau eines Grundbuchblatts zu kennen.

Die Bestandteile eines Grundbuchblatts im Einzelnen

Für jedes Grundstück wird ein separates Grundbuchblatt mit dem folgenden Aufbau angelegt:

- Aufschrift
- Bestandsverzeichnis
- Abteilung I
- Abteilung II
- Abteilung III

Die **Aufschrift** stellt sozusagen das Titelblatt des Grundbuchs dar, auf dem das zuständige Amtsgericht, der Grundbuchbezirk und die Nummer des Grundbuchblatts eingetragen sind.

> Eine Aufschrift könnte beispielsweise lauten: »Amtsgericht Hannover Grundbuch von Grünstadt, Blatt 1234.«

Dann folgt das so genannte **Bestandsverzeichnis.** Darin ist das Grundstück nach Wirtschaftsart, Lage und Größe beschrieben.

Ein solcher Eintrag kann beispielsweise lauten: »Wiesengrundstück im Alten Siehl 17.«

In **Abteilung I** werden die Eigentümer des Grundstücks eingetragen. Ebenso sind hier die Miteigentumsanteile mehrerer Eigentümer (z. B. Ehegatten) sowie das Gemeinschaftsverhältnis (z. B. Erbengemeinschaft) verzeichnet. In einer weiteren Spalte wird derjenige rechtliche Vorgang, der die Grundlage für die Eintragung des Voreigentümers war, und außerdem das Datum der Grundbucheintragung vermerkt. Auf diese Weise können Sie jederzeit feststellen, wie lange der Verkäufer bereits als Eigentümer im Grundbuch eingetragen ist.

Eine typische Eintragung in Abteilung I könnte lauten: »Aufgelassen am 16. 11. 1994; eingetragen am 19. 07. 1995.«

In der für Sie als Erwerber ebenfalls wichtigen **Abteilung II** werden alle Belastungen des Grundstücks eingetragen, mit Ausnahme derjenigen, die in Abteilung III vermerkt sind. In Abteilung II werden neben Grunddienstbarkeiten und beschränkt persönlichen Dienstbarkeiten vor allem auch Vormerkungen eingetragen. Diese Eintragungen sind für Sie als Erwerber von großer Bedeutung, da sie unter Umständen Ihre Nutzungsbefugnis an dem Grundstück einschränken können.

Eine typische Eintragung in Abteilung II könnte etwa lauten: »Grunddienstbarkeit (Wegerecht) für den jeweiligen Eigentümer des Grundstücks Grundbuch Travemünde, Blatt 1234, Bestandsverzeichnis Nr. 4, Flur 3, Flurstück 69; gemäß Bewilligung vom 14. 07. 1964, eingetragen am 17. 01. 1965 in Blatt 738.«

In **Abteilung III** werden schließlich Hypotheken, Grundschulden und Rentenschulden eingetragen. Daraus können Sie entnehmen, ob und in welcher Höhe das Grundstück mit Grundpfandrechten belastet ist. Wichtig zu wissen ist, dass in Spalte 1 von Abteilung III die Rechte fortlaufend nummeriert werden. Dabei bezeichnet die jeweilige Nummer auch den Rang des jeweiligen Rechts.

Die Eintragung für eine Buchgrundschuld könnte lauten: »Grundschuld ohne Brief über 120.000 € für die Baufinanzierungsbank AG, 12345 Frankfurt; Zinsen 15 % jährlich; gemäß Bewilligung vom 02. 06. 1998, eingetragen am 04. 02. 1999.«

Wichtig: Allein die Eintragung eines Grundpfandrechts sagt noch nichts darüber aus, in welcher Höhe dies gegebenenfalls noch valutiert.

Beispiel: Die im obigen Fall eingetragene Grundschuld über 120.000 € valutiert nur noch in Höhe von 20.000 €, weil von dem ursprünglichen Kredit in Höhe von 120.000 € zwischenzeitlich 100.000 € zurückbezahlt wurden.

Das Grundbuch ist also eine wichtige Informationsquelle, um Einzelheiten über die Rechtsverhältnisse am Grundstück in Erfahrung zu bringen. Achten Sie darauf, dass der Grundbuchauszug aktuell ist, damit er möglichst alle zwischenzeitlich eingetretenen Änderungen wiedergibt.

Die Bebaubarkeit des Grundstücks

Drei Kategorien von Baugrundstücken

Entsprechend der »Baureife« eines Grundstücks werden auf dem Immobilienmarkt drei Kategorien von Baugrundstücken unterschieden.

Bebauung umgehend möglich

Bauland: Als Bauland wird ein Baugrundstück bezeichnet, das nach Erhalt einer Baugenehmigung sofort bebaut werden kann, weil die Voraussetzungen nach dem Baugesetzbuch erfüllt sind. Es wird also beispielsweise in einem Bebauungsplan als bebaubar verzeichnet.

Vor einer Bebauung weitere Erschließungsmaßnahmen erforderlich

Rohbauland: Unter Rohbauland wird ebenfalls ein Grundstück verstanden, das die Voraussetzungen nach dem Baugesetzbuch erfüllt und damit bebaubar ist. Der Unterschied zum Bauland besteht jedoch darin, dass bei Rohbauland die Erschließungsmaßnahmen noch nicht so weit fortgeschritten sind, dass eine Baugenehmigung erteilt werden könnte. Erst wenn diese Maßnahmen durchgeführt sind, wird die Behörde eine Baugenehmigung erteilen.

Noch kein Bebauungsplan aufgestellt

Bauerwartungsland: Bei Bauerwartungsland kann der Weg bis zur Erteilung einer Baugenehmigung unter Umständen noch sehr lang sein. Als Bauerwartungsland werden Grundstücke klassifiziert, die noch nicht von einem Bebauungsplan erfasst sind. Allerdings können diese Grundstücke bereits Gegenstand eines Flächennutzungs-

plans sein, sodass daraus – nach Erstellung eines Bebauungsplans! – auf eine spätere Bebaubarkeit geschlossen werden kann. Ob und wann ein solcher Bebauungsplan dann tatsächlich in Kraft tritt, lässt sich erfahrungsgemäß nur schwer vorhersagen. Eine Sicherheit, dass ein späterer Bebauungsplan tatsächlich eine Bebauung zulässt, gibt es jedoch nicht. Bei Bauerwartungsland hat sich die zukünftig mögliche Bebaubarkeit in aller Regel bereits in einem erhöhten Kaufpreis niedergeschlagen.

Bei der Besichtigung und Prüfung eines Grundstücks sollten Sie sich als Interessent keinesfalls auf die Angaben des Verkäufers verlassen. Nehmen Sie in jedem Fall Erkundigungen bei der Gemeinde beziehungsweise beim Bauamt vor.

Sicherheit durch eine Bauvoranfrage

Wenn Sie bereits vor Erwerb eines Grundstücks wissen möchten, ob und wie dieses konkret bebaubar ist, können Sie eine Bauvoranfrage stellen. Dabei ist wichtig zu wissen, dass eine Bauvoranfrage auch dann eingereicht werden kann, wenn Sie noch gar nicht Eigentümer des Grundstücks sind. Wenn Sie daraufhin einen positiven Vorbescheid erhalten und dann das Grundstück erwerben, wirkt dieser auch zu Ihren Gunsten. Die Baubehörde ist im anschließenden Genehmigungsverfahren an die Feststellungen des Bauvorbescheids gebunden. Einzelheiten zum Bauvorbescheid erfahren Sie auf Seite 56.

Was Sie über den Grundstückskaufvertrag wissen sollten

Notarielle Beurkundung für Wirksamkeit des Kaufvertrags unabdingbar

Sobald Sie sich für ein bestimmtes Grundstück entschieden haben und mit dem Verkäufer einig geworden sind, steht der Abschluss des Kaufvertrags bevor. Dabei gilt grundsätzlich: Ein Grundstückskaufvertrag ist nur dann wirksam, wenn er von einem Notar beurkundet worden ist.

Sämtliche Zusagen und Zusicherungen, die Ihnen im Vorfeld der notariellen Beurkundung gemacht werden, sind dagegen rechtlich nicht verbindlich.

Eigentumswechsel wird erst beim Eintrag ins Grundbuch vollzogen

Erst wenn der Kaufvertrag beim Notar unterzeichnet ist, können Sie sicher sein, Eigentümer zu werden. Dabei müssen Sie jedoch Folgendes wissen: Durch den Kaufvertrag selbst wird der Verkäufer lediglich zur Übertragung des Eigentums am Grundstück verpflichtet. Der eigentliche Eigentumsübergang findet erst einige Wochen oder Monate später statt. Der Eigentumswechsel selbst tritt erst dann ein, wenn beim zuständigen Grundbuchamt der Erwerber als neuer Eigentümer im Grundbuch eingetragen wird. Im Zeitraum zwischen Kaufvertragsabschluss und Eigentumsübergang bleibt also der Verkäufer weiterhin als Eigentümer im Grundbuch eingetragen.

Schutz durch Auflassungsvormerkung

Aus diesem Grund wäre der Verkäufer theoretisch auch in der Lage, über das Grundstück anderweitig zu verfügen. Er könnte es beispielsweise ein zweites Mal verkaufen oder durch Grundpfandrechte belasten. Gegen derartige Zwischenverfügungen sollten Sie sich als Erwerber unbedingt schützen. In rechtlich einwandfreier Weise können Sie dies dadurch erreichen, dass zu Ihren Gunsten eine so genannte Auflassungsvormerkung eingetragen wird.

Auflassungsvormerkung bewirkt »Sperrung« des Grundbuchs

Eine solche Vormerkung wirkt wie eine Art »Grundbuchsperre«. Im Verhältnis zu Ihnen sind alle nach Eintragung der Auflassungsvormerkung vorgenommenen Verfügungen unwirksam. Mit anderen Worten: Würde das Grundstück ein zweites Mal verkauft und der Käufer vor Ihnen im Grundbuch als neuer Eigentümer eingetragen werden, könnten Sie ihn mithilfe der Auflassungsvormerkung wieder aus dem Grundbuch »verdrängen«. Im Übrigen wirkt die Eintragung einer Auflassungsvormerkung bereits im Vorfeld möglicher Verfügungen: Jeder weitere Interessent würde bei Einsichtnahme in das Grundbuch sofort anhand der Auflassungsvormerkung feststellen, dass über das Grundstück bereits ein Kaufvertrag abgeschlossen worden ist.

Nicht aus Sparsamkeit auf Auflassungsvormerkung verzichten

In Ihrem eigenen Interesse sollten Sie sich von der Eintragung einer Auflassungsvormerkung auch nicht aus Kostengründen abhalten lassen. Die zusätzlichen Kosten sind überschaubar und stehen in keinem Verhältnis zu dem Schutz, den Sie über eine Auflassungsvormerkung genießen. Die Bewilligung, eine Auflassungsvormerkung einzutragen, erklärt der Verkäufer normalerweise im Kaufvertrag. Anders als die Eigentumsübertragung wird die Auflassungsvormerkung unverzüglich ins Grundbuch eingetragen und entfaltet ab diesem Zeitpunkt ihre Schutzwirkung.

Vertragsentwurf sorgfältig studieren

Kaufvertrag auf jeden Fall vor der notariellen Unterzeichnung prüfen (lassen)

Der Kaufvertrag selbst wird üblicherweise vom beurkundenden Notar entworfen. Sie sollten sich diesen Entwurf rechtzeitig vor der geplanten Vertragsunterzeichnung zusenden lassen und in aller Ruhe durchschauen. Wenn Sie feststellen, dass Ihnen wichtig erscheinende Punkte nicht geregelt sind, sollten Sie den Notar umgehend ansprechen.

Im Zweifel Klausel zu eventuellen Altlasten in den Vertrag aufnehmen

So sieht beispielsweise nicht jeder Entwurf eine Regelung über Altlasten vor (☞ Seite 25). Vor allem wenn Sie Zweifel haben, ob das Grundstück belastet ist, oder gar Anhaltspunkte für Bodenverunreinigungen vorliegen, sollten Sie unbedingt darauf drängen, dass eine entsprechende Klausel in den Kaufvertrag aufgenommen wird. Ganz besonders vorsichtige Käufer lassen sich auch dann, wenn keine Anhaltspunkte für Altlasten bestehen, eine entsprechende Zusicherung im Vertrag geben. Wenn der Verkäufer sicher sein kann, dass keine Altlasten vorhanden sind, wird er einer solchen Regelung auch zustimmen.

Besteht hingegen Verdacht auf Altlasten, sollten Sie sich im eigenen Interesse ein Rücktrittsrecht im Kaufvertrag vorbehalten. Besprechen Sie die Einzelheiten vor dem Beurkundungstermin mit dem Notar und dem Verkäufer. Aber auch dann, wenn Sie konkrete Kenntnis von Altlasten haben, sollten Sie sich ein Rücktrittsrecht für den Fall vorbehalten, dass die Sanierungskosten einen bestimmten Betrag überschreiten. Sinnvoll kann aus Bauherrensicht ein Rücktrittsrecht auch für den Fall sein, dass die Sanierungsarbeiten nicht innerhalb einer bestimmten Frist durchgeführt werden können. Ziel einer Altlastenklausel sollte es in jedem Fall sein, dass Sie als Erwerber nicht das gesamte Risiko allein zu tragen haben.

Das gemeindliche Vorkaufsrecht

Vorkaufsrecht währt zwei Monate nach Kenntnis des Kaufvertrags

Auch wenn Sie den Kaufvertrag beim Notar unterschrieben haben, können Sie noch nicht sicher sein, Eigentümer des Grundstücks zu werden. Der Grund liegt im gesetzlichen Vorkaufsrecht, das die Gemeinde grundsätzlich an jedem verkauften Grundstück besitzt. Dieses Vorkaufsrecht kann sie innerhalb von zwei Monaten ausüben, nachdem sie vom Kaufvertrag Kenntnis erlangt hat. Aus diesem Grund sollten Sie dafür Sorge tragen, dass eine Kopie des Kaufvertrags möglichst schnell der Gemeinde zugesandt wird. In der Regel übernimmt dies der Notar, wenn ihn die Parteien damit beauftragen.

Über das Vorkaufsrecht soll die Gemeinde in die Lage versetzt werden, Zugriff auf Grundstücke zu nehmen, die sie zur Verwirklichung ihrer Planungsziele selbst erwerben möchte, zum Beispiel um einen Kinderspielplatz zu bauen. Macht die Gemeinde innerhalb der gesetzlichen Frist von ihrem Vorkaufsrecht keinen Gebrauch, steht der Eintragung des neuen Eigentümers nichts mehr im Weg. In aller Regel wird die Gemeinde jedoch dem Notar bzw. den Kaufvertragsparteien bereits vor Ablauf der Frist mitteilen, dass sie ihr Vorkaufsrecht nicht ausüben wird.

Grunderwerbsteuer
Eine weitere Voraussetzung dafür, dass der neue Eigentümer im Grundbuch eingetragen wird, ist die Bezahlung der Grunderwerbsteuer. Die Grundbuchämter sind angehalten, eine Umschreibung so lange nicht vorzunehmen, bis eine entsprechende Bescheinigung des Finanzamts vorliegt. Das Finanzamt wird diese Bescheinigung erst dann erstellen, wenn die Grunderwerbsteuer bei der Finanzkasse eingegangen ist. Aus diesem Grund sind Sie als Bauherr gut beraten, die Steuer möglichst schnell nach Erhalt des entsprechenden Bescheids zu entrichten.

Die wichtigsten Regelungen in einem Grundstückskaufvertrag
Die folgenden Punkte sind in einem Kaufvertrag üblicherweise geregelt.

Deckblatt der Urkunde: Dort werden das Datum der Beurkundung, die genaue Bezeichnung von Käufer und Verkäufer sowie Name und Dienstsitz des Notars festgehalten.

Notar sollte sich in jedem Fall vom aktuellen Stand des Grundbuchs selbst überzeugen

Grundbuchbestand: Hier wird das zu verkaufende Baugrundstück detailliert beschrieben. Dabei werden die Daten aus dem Grundbuch (☞ Seite 27) übernommen (Nummer des Grundbuchblatts, Gemarkung, Flur und Flurstück) und ebenso die eventuellen Belastungen in Abteilung II und Abteilung III festgehalten, die für Sie als Erwerber besonders von Bedeutung sind. Ob der Grundbuchbestand korrekt in den Vertragsentwurf übernommen wurde, können Sie anhand eines – möglichst aktuellen – Grundbuchauszugs selbst überprüfen. Bei Differenzen sollten Sie den Notar unbedingt ansprechen. Dieser ist verpflichtet, sich selbst vom aktuellen Stand des Grundbuchs zu überzeugen. Darauf sollten Sie in Ihrem eigenen

Interesse nicht verzichten. Ein solcher Verzicht, der dann in der Urkunde festgehalten wird, findet sich in der Praxis immer wieder.

Gegenstand des Kaufvertrags: In dieser Klausel wird exakt beschrieben, welches Grundstück Gegenstand des Kaufvertrags ist. Hier handelt es sich lediglich um die (schuldrechtliche) Begründung der Pflicht, das Eigentum am Grundstück zu übertragen. Die (dingliche) Eigentumsübertragung, in der Grundbuchsprache Auflassung genannt, wird separat geregelt.

Regelung des eigentlichen Eigentumsübergangs im Grundbuch

Auflassungsvormerkung und Auflassung: Hier wird zunächst die Auflassungsvormerkung (☞ Seite 32) bewilligt, wenn sich Käufer und Verkäufer darauf verständigt haben. Eine Auflassungsvormerkung schützt Sie als Erwerber in der Zeit zwischen Beurkundung des Kaufvertrags und Eigentumsübergang vor nachteiligen Verfügungen über das Grundstück. Meist wird sogleich vereinbart, dass nach erfolgter Eintragung des Erwerbers die Auflassungsvormerkung wieder gelöscht wird. Damit ersparen Sie sich als Erwerber einen weiteren Notartermin, wenn die Eigentumsübertragung vollzogen ist und Sie ein »sauberes« Grundbuch haben möchten.

Außerdem wird in diesem Vertragsabschnitt der eigentliche Eigentumsübergang, die so genannte Auflassung, geregelt. In den allermeisten Fällen erhält der Notar den Auftrag, die entsprechenden Anträge auf Eintragung beim Grundbuchamt zu stellen.

Besitz-, Lasten- und Nutzungsübergang: Diese Regelung betrifft zunächst den Termin der »Schlüsselübergabe«. Von diesem Zeitpunkt an sind Sie Besitzer – nicht Eigentümer! – des Grundstücks. Sie können das Grundstück betreten und benutzen und beispielsweise mit Vorbereitungsarbeiten für den Baubeginn starten, also etwa Bäume und Büsche roden.

Wichtig: Haftung für Verkehrssicherheit des Grundstücks geht auf Erwerber über

Im Verhältnis zwischen Ihnen und dem Verkäufer wird vereinbart, dass öffentliche Lasten und sonstige Abgaben von diesem Zeitpunkt an zu Ihren Lasten gehen, zum Beispiel Grundsteuern und Versicherungsprämien. Aber auch in haftungsrechtlicher Hinsicht sind Sie ab dem Datum der Übergabe für die Verkehrssicherheit des Grundstücks verantwortlich. So müssen Sie den bestehenden Streu- und Reinigungspflichten nachkommen, und auch für die Sicherheit von auf dem Grundstück befindlichen Gegenständen haben Sie jetzt zu sorgen. Befinden sich auf dem Grundstück beispielsweise Bäume, können Sie für Schäden in Anspruch genommen werden, die Passanten durch herabstürzende Äste erleiden.

Vereinbaren Sie den Besitzübergang erst für einen Zeitpunkt, zu dem Sie auch tatsächlich in der Lage sind, das Grundstück zu kontrollieren.

Kaufpreis: In einem separaten Abschnitt wird die exakte Höhe des Kaufpreises sowie der Fälligkeitstermin festgelegt. Häufig vereinbaren die Parteien, dass der Kaufpreis mit dem Datum des Besitzübergangs fällig wird, sofern bis zu diesem Zeitpunkt alle anderen im Vertrag vorgesehenen

Zahlungsvoraussetzungen erfüllt sind. Soweit Sie sich mit dem Verkäufer auf die Übernahme von bestehenden Grundpfandrechten geeinigt haben, wird dies auf den Kaufpreis entsprechend angerechnet.

Beispiel
Der Kaufpreis beträgt 190.000 €. Mit dem Verkäufer haben Sie vereinbart, dass eine Grundschuld, die in Höhe von 40.000 € valutiert, von Ihnen übernommen wird. Nach Abzug dieser Grundschuld beträgt der Kaufpreis dann noch 150.000 €.

Verzugszinsregelung bei verspäteter Zahlung des Kaufpreises

Für den Fall der nicht rechtzeitigen Zahlung des Kaufpreises wird meist vereinbart, in welcher Höhe Sie als Käufer Verzugszinsen zu leisten haben. **Wichtig:** Eine Verzugszinsregelung wird immer »unbeschadet weitergehender Rechte des Verkäufers« getroffen. Dies bedeutet, dass Sie bei verspäteter Zahlung des Kaufpreises sich keinesfalls darauf verlassen können, dass mit Zahlung der Verzugszinsen keine weiteren Nachteile mehr entstehen können. Der Verkäufer kann durchaus weitergehende Ansprüche geltend machen, zum Beispiel Schadenersatz oder Rücktritt vom Kaufvertrag.

Unterwerfung unter die sofortige Zwangsvollstreckung: Eine solche Regelung wird von manchen Notaren in die Urkunde aufgenommen. Für den Verkäufer hat eine derartige Erklärung den Vorteil, dass er den Kaufpreisanspruch schnell und ohne ein langwieriges vorheriges Gerichtsverfahren durchsetzen kann. Als Käufer sind Sie an einer solchen Klausel naturgemäß weniger interessiert, da sie Ihre Rechtsposition verschlechtert.

Auf Fälligkeitsvoraussetzungen achten

Allerdings sind Unterwerfungserklärungen in Grundstückskaufverträgen nicht untypisch, sodass Sie nur begrenzte Energie darauf verwenden sollten, eine solche Klausel wegzuverhandeln. Allerdings sollten Sie darauf achten, dass in einer solchen Regelung nicht auf den Nachweis der Fälligkeitsvoraussetzungen verzichtet wird. Sprechen Sie zu diesem Punkt am besten den Notar oder Ihren Rechtsanwalt an.

Gewährleistung, Haftung: Hier handelt es sich um eine für Sie als Erwerber besonders wichtige Klausel. In aller Regel werden Grundstücke unter Ausschluss der gesetzlichen Gewährleistungsansprüche verkauft. Damit haftet der Verkäufer für Mängel des Grundstücks, zum Beispiel Altlasten (☞ Seite 25), nur dann, wenn er diese arglistig verschwiegen hat. Diesen Nachweis kann ein Käufer aus Gründen der Beweislast erfahrungsgemäß nur schwer erbringen.

Haftung für eventuell auftauchende Altlasten regeln

Für Sie als Käufer bedeutet dies nichts anderes, als dass Sie bereits im Vorfeld alle mit dem Grundstück zusammenhängenden Risiken sorgfältig klären müssen. Vorteilhaft ist, sich im Hinblick auf Altlasten eine separate Zusicherung vom Verkäufer geben zu lassen, etwa mit folgendem Wortlaut: »Der Verkäufer versichert, dass das Grundstück frei von Altlasten ist.«

Kostenverteilung für bereits erfolgte Erschließungsmaßnahmen regeln

Erschließungskosten: Beim Kauf von Baugrundstücken spielt diese Klausel für den Käufer eine bedeutende Rolle. Hier wird geregelt, wer für Erschließungsmaßnahmen (☞ Seite 44), die nach Abschluss des Kaufvertrags in Rechnung gestellt werden, aufzukommen hat. Meist wird vereinbart, dass der Verkäufer die Kosten für diejenigen Maßnahmen übernimmt, die *bis zum Zeitpunkt des Kaufvertrags* durchgeführt wurden. Für Erschließungsmaßnahmen, die *nach Abschluss des Vertrags* vorgenommen werden, sind dann Sie als Käufer verantwortlich. Fehlt eine Regelung über die Erschließungskosten, trägt der Käufer sämtliche Kosten, die ihm nach Besitzübergang (»Schlüsselübergabe«) von der Behörde in Rechnung gestellt werden.

Vollzugsregelungen, Vollmachten: Unter dieser Überschrift werden rechtstechnische Fragen der Umsetzung des Kaufvertrags geregelt. Zur effizienten und sicheren Abwicklung wird meist der Notar bevollmächtigt, für beide Parteien Anträge zu stellen und Erklärungen abzugeben, die zum Vollzug des Vertrags erforderlich sind. Meist ist auch geregelt, dass der Notar die entsprechenden Erklärungen abgeben und entgegennehmen soll, die im Hinblick auf das Vorkaufsrecht der Gemeinde (☞ Seite 34) notwendig sind. Diese Vollzugsbestimmungen sind letztlich für beide Seiten von Vorteil, da diese Angelegenheiten vom Notar professionell abgewickelt werden.

Kosten, Steuern: Die in diesem Abschnitt zu findenden Regelungen geben in aller Regel nur wieder, was gesetzlich ohnehin gilt. Wichtig zu wissen ist jedoch, dass für die Zahlung von Notargebühren, Grundbuchkosten und Grunderwerbsteuern sowohl der Verkäufer als auch der Käufer haftet. Lediglich im Innenverhältnis wird im Kaufvertrag festgelegt, dass hierfür der Käufer aufzukommen hat. Diese Aufteilung der Kosten ist weit verbreitet. Abweichend davon wird für die Löschung von bereits eingetragenen Rechten, etwa Grundpfandrechten des Verkäufers, meist vereinbart, dass die entstehenden Kosten vom Verkäufer zu tragen sind.

Notarauswahl und Beurkundungstermin

Vertragsprüfung durch eigenen Anwalt oder Notar empfehlenswert

Die Auswahl des Notars ist Sache beider Kaufvertragsparteien, die sich also entsprechend einigen müssen. Besteht der Verkäufer auf einem Notar seines Vertrauens, werden Sie dem im Normalfall wenig entgegensetzen können. Da der Notar nach dem Gesetz zur Unabhängigkeit verpflichtet ist, bestehen insoweit grundsätzlich keine Bedenken. Dennoch sollten Sie unbedingt sicherstellen, dass Ihnen der Notar rechtzeitig vor dem Beurkundungstermin einen Vertragsentwurf zusendet, den Sie in Ihrem eigenen Interesse gründlich studieren sollten. Bei Bedarf können Sie diesen Entwurf dann auch einem Rechtsanwalt oder Notar Ihres Vertrauens zur Gegenprüfung vorlegen. Im Hinblick auf die Finanzierung kann es auch hilfreich sein, wenn Ihr Kreditinstitut einen Blick auf die entsprechende Klausel im Vertrag wirft.

Wenn Sie Fragen zu einzelnen Formulierungen haben, sollten Sie sich diese markieren. Notare sind gesetzlich zur Beratung und Aufklärung der Parteien verpflichtet. Scheuen Sie sich deshalb nicht, alle unklaren Punkte *vor* der Beurkundung anzusprechen und sich vom Notar erklären zu lassen.

Sicherheitshalber das Baulastenverzeichnis einsehen

Zur weiteren Vorbereitung des Termins sollten Sie die Angaben im Kaufvertrag mit den Eintragungen im Grundbuch vergleichen. In Ihrem eigenen Interesse sollten Sie vor dem Notartermin außerdem einen Blick in das so genannte Baulastenverzeichnis werfen.

Baulastenverzeichnis
Im Baulastenverzeichnis, das bei den Bauämtern geführt wird, sind bestimmte Belastungen des Grundstücks eingetragen, und zwar Belastungen aus dem öffentlichen Baurecht, die beispielsweise zugunsten eines Grundstücksnachbarn bewilligt worden sind. Derartige Baulasten können die nach dem Bebauungsplan eigentlich zulässige Bebaubarkeit des Grundstücks einschränken.

Wichtig: Da Baulasten nicht im Grundbuch verzeichnet sind, hilft insoweit nur ein Blick in das Baulastenverzeichnis. Fragen Sie deshalb bei der örtlichen Baubehörde nach, ob für das Grundstück Baulasten eingetragen sind. Anders als beim Grundbuchstand kümmert sich auch der Notar normalerweise nicht um das Baulastenverzeichnis. ☞

Sie können jedoch zusätzlich zur eigenen Überprüfung des Baulastenverzeichnisses eine Zusicherung des Verkäufers in den Kaufvertrag aufnehmen lassen, beispielsweise dass ihm keine Baulasten bekannt sind und dass er während seiner Besitzzeit auch keine Baulasten bewilligt hat.

Vermeiden Sie Nebenabreden zum notariellen Kaufvertrag

Die notarielle Beurkundung des Kaufvertrags ist gesetzlich vorgeschrieben. Nur wenn diese Form eingehalten wird, liegt ein wirksamer Grundstückskaufvertrag vor. Aus diesem Grund sollten Sie auch davon Abstand nehmen, parallel zum beurkundeten Vertrag separate Absprachen, so genannte Nebenabreden, zu treffen. Diese sind nicht nur unwirksam, sondern gefährden auch die Wirksamkeit des tatsächlich beurkundeten Vertrags. Solche Nebenabreden werden in Einzelfällen beim Kaufpreis getroffen. Durch die Angabe eines niedrigeren Kaufpreises versuchen manche Kaufvertragsparteien die mit dem Kauf verbundenen Nebenkosten (Notargebühren, Grundbuchkosten, Grunderwerbsteuern) zu reduzieren. Wegen der damit verbundenen erheblichen zivil- und strafrechtlichen Risiken sollten Sie von derartigen »Tricks« in Ihrem eigenen Interesse Abstand nehmen.

Die Gebühren für Notar und Grundbuchamt sowie die Höhe der Grunderwerbsteuer hängen vom Kaufpreis ab. Je höher der Kaufpreis des Grundstücks, desto höher sind auch die entsprechenden Gebühren und Steuern.

Gebühren für Notar und Kaufvertrag sind abhängig von der Höhe des Kaufpreises

Beispiel
Kostet das Baugrundstück beispielsweise 200.000 €, so müssen Sie mit folgenden Gebühren rechnen.

Notar

Beurkundung des Kaufvertrags (zwei Gebühren)	714,– €
Auflassungsvormerkung (eine halbe Gebühr)	178,50 €
Summe	**892,50 €**

Wird noch eine Grundschuld über beispielsweise 100.000 € bestellt, kommen zusätzliche Notarkosten (eine Gebühr) in Höhe von 357 € hinzu. Zu den Gebühren des Notars kommen jeweils noch die Auslagen sowie die Mehrwertsteuer hinzu.

Grundbuchamt

Eintragung einer Auflassungsvormerkung (eine halbe Gebühr)	178,50 €
Eintragung der Eigentumsänderung (eine Gebühr)	357,– €
Summe	**535,50 €**

Für die Eintragung einer Grundschuld in Höhe von 100.000 € fallen beim Grundbuchamt zusätzliche Kosten in Höhe von 357 € (eine Gebühr) an. Auch beim Grundbuchamt werden die Auslagen separat in Rechnung gestellt.

Grunderwerbsteuer

3,5 % des Kaufpreises	**7.000,– €**

Erschließungsmaßnahmen und -kosten

Mit dem Thema Erschließungskosten sollten Sie sich beim Kauf eines Baugrundstücks besonders intensiv befassen – vor allem dann, wenn Sie ein Grundstück in einem neu ausgewiesenen Baugebiet erwerben.

Erschließungsmaßnahmen können erhebliche Kosten nach sich ziehen ...

Die Gemeinde erbringt zur infrastrukturellen und verkehrsmäßigen Versorgung der Grundstücke eine Reihe von Leistungen, die so genannten Erschließungsmaßnahmen. Dafür werden die betroffenen Grundstückseigentümer in Anspruch genommen. Die hierfür anfallenden Beträge sind zum Teil erheblich. Aus diesem Grund stellen sie eine der häufigsten Ursachen für Überschreitungen des vom Bauherrn veranschlagten Budgets dar. Nicht jeder Erwerber eines Baugrundstücks ist sich darüber im Klaren, dass zu einer ordnungsgemäßen Kalkulation der Baulandkosten auch die realistische Budgetierung eventueller Erschließungskosten gehört.

... und das mit erheblichem zeitlichen Abstand

Tückisch ist vor allem, dass die Erschließungsbeiträge häufig erst nach vollständigem Abschluss der betreffenden Maßnahmen den Grundstückseigentümern in Rechnung gestellt werden. Unter Umständen ist dies erst Jahre nach der Errichtung des Hauses der Fall. Für so manchen Bauherrn kam der Erschließungsbeitragsbescheid dann überraschend und zwang ihn zur Aufnahme zusätzlicher Mittel. Es kann also durchaus vorkommen, dass die Gemeinde Ihnen als Bauherrn Maßnahmen in Rechnung stellt, die bereits erbracht worden sind, bevor Sie das Grundstück erworben haben. Dies ändert jedoch nichts daran, dass Sie im Verhältnis zur Behörde für Erschließungsbeiträge haften. Nach den gesetzlichen Bestimmungen ist die Behörde nämlich berechtigt, sich an den jeweiligen Grundstückseigentümer zu halten. Sie können sich also nicht damit verteidigen, dass die entsprechenden Maßnahmen bereits vor Ihrer Zeit durchgeführt wurden.

Regelung im Kaufvertrag: Aus diesem Grund sollten Sie sich vor Unterzeichnung des Kaufvertrags intensiv mit dem Erschließungszustand des betreffenden Grundstücks befassen. Fragen Sie gezielt nach, welche Maßnahmen bereits erbracht – und abgerechnet! – worden sind. Gerade bei Baugrundstücken ist es sinnvoll, das Thema Erschließungskosten auch im Kaufvertrag zu regeln. Auch wenn eine derartige Klausel nur Wirkung im Verhältnis zwischen Ihnen und dem Verkäufer hat – im Verhältnis zur Behörde haften immer Sie –, so kann sie Ihnen doch eine gewisse Planungssicherheit geben.

Zeitpunkt der Vertragsunterzeichnung als Stichtag für Kostenteilung

Häufig wird deshalb vereinbart, dass der Verkäufer die Kosten für die Maßnahmen zu tragen hat, die bei Kaufvertragsunterzeichnung bereits erbracht und abgeschlossen sind. Alle nach diesem Zeitpunkt erbrachten Leistungen gehen dann zu Lasten des Erwerbers. Eine solche Regelung hat den Vorteil, dass Sie für Erschließungsmaßnahmen, die bereits vor Vertragsabschluss erbracht wurden und erst Jahre später in Rechnung gestellt werden, Regress beim Verkäufer nehmen können. Sie haften als Käufer zwar im Verhältnis zur Behörde auch in diesem Fall für die Zahlung der Kosten, können dann jedoch einen aus dem Kaufvertrag abgeleiteten Erstattungsanspruch gegenüber dem Verkäufer geltend machen.

Wichtig: Wenn im Kaufvertrag keine Regelungen über Erschließungskosten getroffen werden, haften Sie für sämtliche Kosten, die nach dem Besitzübergang (»Schlüsselübergabe«) in Rechnung gestellt werden.

Erschließungsmaßnahmen

Als Orientierung für mögliche Erschließungsbeiträge, die auf den Grundstückseigentümer zukommen können, zeigt die folgende Übersicht die in der Praxis wichtigsten Erschließungsprojekte:

- Straßen
- Parkplätze
- Gehwege
- Radwege
- Grünanlagen
- Straßenbeleuchtung
- verkehrsberuhigte Zonen
- Fußgängerzonen
- Stützmauern bei Hanglagen
- Lärmschutzwälle
- Kanalisation
- Wasserleitungsnetz
- Stromversorgung
- Gasversorgungseinrichtungen
- Telekommunikation

Bauamt informiert über Erschließungsmaßnahmen und Kostenrahmen

Über den Erschließungszustand des Baugrundstücks sollten Sie nicht nur den Verkäufer befragen. Auskünfte hierzu können Sie auch vom zuständigen Bauamt einholen. Dort können Sie auch anfragen, in welcher Größenordnung sich die auf das Grundstück zukommenden Erschließungsbeiträge bewegen.

Die Baugenehmigung

Die Bebaubarkeit von Grundstücken

Auch wenn Sie Eigentümer eines Baugrundstücks geworden sind, können Sie dieses nicht ohne weiteres bebauen. Ob und in welchem Umfang ein Grundstück bebaut werden darf, ergibt sich aus dem öffentlichen Baurecht. Es ist Sache des Bauherrn, sich um die Einhaltung der bestehenden Vorschriften und um die erforderlichen Genehmigungen zu kümmern. Der Bauherr also trägt das Risiko der Bebaubarkeit.

Bebaubarkeit eines Grundstücks unbedingt vor Vertragsunterzeichnung klären

Wer ein »Baugrundstück« erwirbt und erst später feststellen muss, dass die von ihm gewünschte Bebauung nicht oder nur teilweise zulässig ist, kann seinen »Baugrund« möglicherweise nur noch als Gartengrundstück nutzen. Aus diesem Grund ist jeder Bauherr gut beraten, die Frage der Bebaubarkeit bereits im Vorfeld der Kaufvertragsunterzeichnung gründlich zu prüfen. Bestehen Zweifel, ob Ihre konkreten Bauwünsche baurechtlich zulässig sind, bietet es sich an, eine Bauvoranfrage (☞ Seite 56) einzuholen. Auf diese Weise können bestimmte Einzelfragen der beabsichtigten Planung kostengünstig und verbindlich vorab geklärt werden.

Architekt ist für genehmigungsfähige Planung verantwortlich

Genehmigungsrechtliche Fragen zu klären und den Bauantrag auszuarbeiten, gehört zu den wesentlichen Aufgaben des Architekten. Er hat dafür zu sorgen, dass die Wünsche des Bauherrn so umgesetzt werden, dass das Vorhaben genehmigt werden kann. Um eine genehmigungsfähige Planung zu erstellen, wird sich der Architekt in der Planungsphase intensiv mit dem Bauherrn über dessen Wünsche und Vorstellungen auseinandersetzen.

Hat der Architekt Zweifel an konkret geäußerten Wünschen des Bauherrn, so muss er diesen unmissverständlich auf die damit verbundenen Risiken hinweisen. Vor allem ist der Architekt dann auch verpflichtet, dem Bauherrn zu einer Bauvoranfrage zu raten. Nur so kann sich der Architekt vor möglichen Schadenersatzansprüchen schützen, die der Bauherr bei Ablehnung der Baugenehmigung geltend machen kann. Auch wenn der Architekt die Unterlagen für die Baugenehmigung vorbereitet, ist es der Bauherr, der den Bauantrag im rechtlichen Sinn stellt. Aus diesem Grund muss der Bauantrag auch vom Bauherrn unterschrieben werden.

Zulässigkeit eines Bauvorhabens

Städtebau- und Bauordnungsrecht – der gesetzliche Rahmen für die Prüfung von Bauvorhaben

Das öffentliche Baurecht, das die Zulässigkeit eines Bauvorhabens regelt, lässt sich in zwei große Bereiche teilen: Auf Bundesebene regelt das **Städtebaurecht** die grundsätzliche Frage, ob in einem bestimmten Gebiet überhaupt gebaut werden darf. Einzelheiten ergeben sich aus dem Baugesetzbuch (BauGB) sowie dem Maßnahmengesetz zum Baugesetzbuch (BauGB-MaßnahmenG). Ergibt sich aus den Bestimmungen des Städtebaurechts, dass eine Bebauung zulässig ist, richtet sich die Frage des »Wie?« nach dem **Bauordnungsrecht.** Beim Bauordnungsrecht handelt es sich um Landesrecht, sodass für jedes Bundesland eine eigene Bauordnung existiert.

In den wesentlichen Punkten regeln die einzelnen Landesbauordnungen vergleichbare Fragen weitgehend einheitlich. Allerdings gibt es in den Details eine Reihe von Unterschieden, die im Einzelfall von erheblicher Bedeutung sein können. Aus diesem Grund ist in jedem Bundesland die dort geltende Landesbauordnung zu beachten.

Kategorien des Städtebaurechts für die Bebaubarkeit von Grundstücken

Das Städtebaurecht unterscheidet drei Kategorien, in denen eine Bebauung grundsätzlich zulässig ist.

Bauen im Außenbereich: Im so genannten Außenbereich ist ein Bauvorhaben nur dann zulässig, wenn es den in § 35 BauGB festgelegten Voraussetzungen entspricht. Für den normalen Bauherrn spielt das Bauen im Außenbereich praktisch keine Rolle. Im Außenbereich kann beispielsweise die Errichtung eines land- oder forstwirtschaftlichen Betriebs genehmigt werden.

Bauen im nicht beplanten Innenbereich: Die nächste Stufe stellt der nicht beplante Innenbereich dar, der in § 34 BauGB näher geregelt ist. Unter dem nicht beplanten Innenbereich wird ein im Zusammenhang bebauter Ortsteil bezeichnet, der nicht Gegenstand eines Bebauungsplans ist. Er zeichnet sich durch eine gewachsene Bebauung aus, die geschlossen und zusammengehörig wirkt und dadurch ein bestimmtes Gebiet als Ortsteil prägt.

Als Beispiel kann ein über die Jahre beziehungsweise Jahrzehnte hinweg gewachsenes Dorf genannt werden. Liegt ein Grundstück im nicht beplanten Innenbereich, so ist ein Bauvorhaben nur zulässig, wenn es sich nach Art

und Maß der baulichen Nutzung, der Bauweise und der zu überbauenden Grundstücksfläche in die Eigenart der näheren Umgebung einfügt und die Erschließung gesichert ist. Vereinfacht gesprochen, ist also im nicht beplanten Innenbereich ein Bauvorhaben zulässig, wenn es sich im Rahmen der bereits vorhandenen Bebauung bewegt.

Bauen im Geltungsbereich eines Bebauungsplans: Als dritte und für den privaten Bauherrn wohl wichtigste Kategorie wird in § 30 BauGB die Zulässigkeit von Bauvorhaben im Geltungsbereich eines Bebauungsplans geregelt. Wenn also für das fragliche Gebiet ein Bebauungsplan in Kraft ist, so richtet sich die Zulässigkeit eines Bauvorhabens nach den darin festgelegten Einzelheiten.

Nicht zu verwechseln mit dem Bebauungsplan ist der **Flächennutzungsplan,** der sozusagen das Grobkonzept für die Grundzüge der Bebauung eines größeren Bereichs darstellt. Aus diesem Grund wird er auch als vorbereitender Bauleitplan bezeichnet.

Wichtig: Allein die Erstellung eines Flächennutzungsplans reicht noch nicht aus, um für ein in seinem Bereich gelegenes Grundstück die Frage der Bebaubarkeit zu beantworten. Erst wenn die Gemeinde auf Basis des Flächennutzungsplans einen Bebauungsplan erlässt, kann die Frage der Bebaubarkeit für ein bestimmtes Grundstück konkret beantwortet werden. Bei der Auswahl eines Baugrundstücks dürfen Sie sich deshalb niemals darauf verlassen, dass das Grundstück in einem Flächennutzungsplan als Baugebiet ausgewiesen wird.

2

Beispiel
Ein Grundstück befindet sich in einem Gebiet, das vom Flächennutzungsplan als Baufläche vorgesehen ist. Bei der konkreten Planung entscheidet sich die Gemeinde jedoch dafür, in dem betroffenen Gebiet eine Grünfläche oder einen Kinderspielplatz zu errichten.

Für Bauerwartungsland existiert ein Flächennutzungsplan, aber noch kein Bebauungsplan

Solange ein bestimmtes Gebiet lediglich im Flächennutzungsplan als Baufläche ausgewiesen ist, spricht man deshalb auch nur von Bauerwartungsland. Auch wenn nicht sicher ist, dass eine tatsächliche Bebauung später – nach Erlass des Bebauungsplans – tatsächlich möglich ist, spiegelt sich die Erwartung des Marktes in einem bereits gesteigerten Preis für Bauerwartungsland wider.

Den Bebauungsplan richtig lesen

Der Bebauungsplan als Richtschnur für Bauvorhaben

Für Sie als Bauherr ist also der Bebauungsplan das Maß aller Dinge. Wenn ein Bebauungsplan existiert, richtet sich die konkrete Bebaubarkeit eines Grundstücks nach den darin getroffenen Festsetzungen. Beim Blick in einen Bebauungsplan werden Sie feststellen, dass dieser für den Laien nicht ohne weiteres verständlich ist, bietet sich doch ein Wirrwarr von Abkürzungen und Zahlen. Die Bedeutung der wichtigsten Eintragungen lässt sich jedoch schnell entschlüsseln.

Zunächst finden Sie aus dem Flächennutzungsplan stammende Festlegungen der Bauflächen oder Baugebiete, die mithilfe folgender Abkürzungen dargestellt werden:

Bauflächen

- Wohnbauflächen: (W)
- gemischte Bauflächen: (M)
- gewerbliche Bauflächen: (G)
- Sonderbauflächen: (S)

Baugebiete

- Kleinsiedlungsgebiete: (Ws)
- reine Wohngebiete: (WR)
- allgemeine Wohngebiete: (WA)
- besondere Wohngebiete: (WB)
- Dorfgebiete: (MD)
- Mischgebiete: (MI)
- Kerngebiete: (MK)
- Gewerbegebiete: (GE)
- Industriegebiete: (GI)
- Sondergebiete: (SO)

Außerdem können im Bebauungsplan weitergehende Festlegungen anzutreffen sein, welche die konkrete Bebaubarkeit regeln. Dabei spielen die Grundflächenzahl (GRZ) sowie die Geschossflächenzahl (GFZ) eine wichtige Rolle.

Grundflächenzahl (GRZ): Diese Zahl besagt, dass die Gebäudegrundfläche (bebaubare Grundfläche) nicht größer sein darf als die anrechenbare Grundstücksgröße, multipliziert mit der im Plan angegebenen Grundflächenzahl.

Beispiel
Hat Ihr Baugrundstück eine anrechenbare Grundstücksgröße von 600 m^2, so errechnet sich die bebaubare Grundfläche bei einer Grundflächenzahl von 0,2 wie folgt: 600 m^2 x 0,2 = 120 m^2

Geschossflächenzahl (GFZ): Die Geschossflächenzahl gibt die maximale Geschossfläche in Quadratmetern an. Sie darf nicht größer sein als die Grundstücksgröße, multipliziert mit der im Bebauungsplan angegebenen Geschossflächenzahl.

Beispiel
Bei einer Grundstücksfläche von 600 m^2 und einer erlaubten Bebauung mit zwei Vollgeschossen ergibt sich bei einer GFZ von 0,4 folgender Wert:
600 m^2 x 0,4 : 2 Geschosse = 120 m^2

Ob ein Geschoss als Vollgeschoss angerechnet wird oder nicht, ergibt sich aus den jeweiligen Landesbaugesetzen. Dies ist beispielsweise wichtig für die Frage, ob ein Dachausbau als Vollgeschoss zählt.

Individuelle Gestaltungsmöglichkeiten können stark eingeschränkt sein

Auch für die Art des Daches, zum Beispiel Satteldach, Pultdach oder Flachdach, und die Dachneigung werden in vielen Bebauungsplänen Vorgaben gemacht, die den Gestaltungswünschen des Bauherrn durchaus Grenzen setzen.

Das Baugenehmigungsverfahren

Einzelheiten des Baugenehmigungsverfahrens ergeben sich aus den jeweiligen Landesbauordnungen. Dort ist auch geregelt, welche Behörde einen Bauantrag bearbeitet. Welche Stelle im Einzelfall zuständig ist – meist das Bauordnungs- oder Bauamt –, weiß der Architekt.

Ziel: Baugenehmigung

Ausgangspunkt eines Genehmigungsverfahrens ist im Normalfall der **Bauantrag** mit dem Ziel, die vom Bauherrn gewünschte Baugenehmigung zu erhalten. Der Bauantrag kann jedoch in den meisten Fällen nur von Personen eingereicht werden, welche die so genannte Bauvorlagenberechtigung besitzen, zum Beispiel Architekten und Ingenieure. Einzelheiten werden in den Landesbauordnungen geregelt.

Für den Bauantrag selbst gibt es Formulare, die von Bundesland zu Bundesland verschieden sind. Mit dem Antrag sind auch die Bauvorlagen einzureichen. Dazu gehören normalerweise die folgenden Unterlagen:

- Lageplan
- Bauzeichnungen
- Baubeschreibung
- Statik

Vollständige Unterlagen beschleunigen das Genehmigungsverfahren

Wie lange die Behörde für die Entscheidung über den Bauantrag benötigt, lässt sich kaum vorhersagen. Wichtig ist jedoch, dass die für den Bauantrag erforderlichen Unterlagen vollständig eingereicht werden. Wer dies nicht beachtet, muss mit Verzögerungen rechnen. Unvollständige Bauanträge werden in der Regel erst gar nicht bearbeitet. In einzelnen Fällen ist es jedoch möglich, die Statik später nachzureichen.

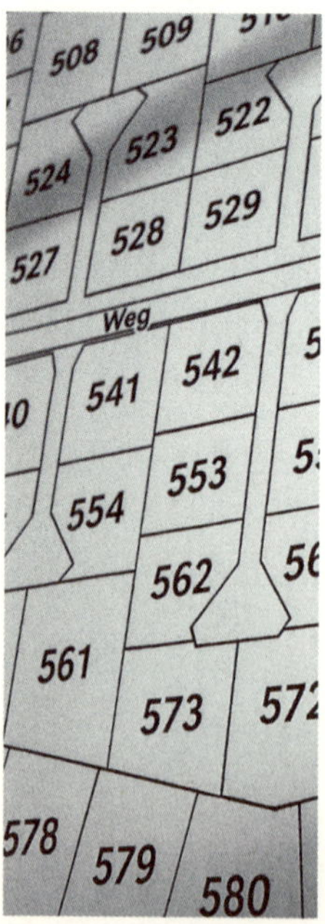

Vereinfachtes Verfahren: Um den Bau von Einfamilienhäusern zu beschleunigen, wurden in den vergangenen Jahren vereinfachte Genehmigungsverfahren in den verschiedenen Landesbauordnungen eingeführt. Umfang und Voraussetzungen dieser Verfahren variieren jedoch von Bundesland zu Bundesland. Gemeinsam ist diesen Verfahrensarten, dass ein verbindlicher Bebauungsplan vorliegen und die Erschließung gesichert sein muss. Werden dann sämtliche Unterlagen eingereicht, muss die Behörde innerhalb einer bestimmten Frist entscheiden.

In anderen Fällen ist die Behörde verpflichtet, den vollständigen Eingang der Bauunterlagen zu bestätigen. Der Bauherr kann dann innerhalb von wenigen Wochen nach Eingang dieser Bestätigung mit dem Bauvorhaben beginnen – sofern die Behörde nicht innerhalb dieser Frist tätig wird.

Allen Varianten dieser vereinfachten Genehmigungsverfahren ist gemeinsam, dass damit nicht etwa bestehende Bauvorschriften außer Kraft gesetzt werden. Auch bei den vereinfachten Verfahren sind sämtliche Vorschriften des Baurechts einzuhalten. Die Besonderheit dieser Verfahren liegt jedoch darin, dass der Prüfungsumfang der Baubehörde reduziert ist. Darin liegt aber auch ein von vielen Bauherren und Architekten unterschätztes Risiko: Stellt sich später heraus, dass der Bauantrag in einzelnen Punkten vom Bebauungsplan oder sonstigen Vorschriften abweicht, verbleibt dieses Risiko beim Bauherrn beziehungsweise Architekten. Dieser Umstand sollte jedem Bauherrn bewusst sein, der sich für ein vereinfachtes Verfahren entscheidet.

Geringerer Prüfungsumfang des vereinfachten Verfahrens bringt erhöhte Risiken für Bauherrn mit sich

Die Baugenehmigung

Hat die Baubehörde über den Antrag des Bauherrn positiv entschieden, erlässt sie die Baugenehmigung. Rechtlich handelt es sich hierbei um einen so genannten Verwaltungsakt, der nach Ablauf der Rechtsbehelfsfrist bestandskräftig wird und damit vom Bauherrn nicht mehr angegriffen werden kann.

Dieser Umstand ist vor allem dann von Bedeutung, wenn die Baugenehmigung in einzelnen Punkten vom Bauantrag abweicht. In diesen Fällen muss vor Ablauf der Frist geprüft und entschieden werden, ob Rechtsbehelfe eingelegt werden sollen.

In der Praxis kommt es nicht selten vor, dass die Baugenehmigung zwar erteilt, aber mit Auflagen versehen wird. In diesen Fällen wird dem Bauherrn aufgegeben, noch bestimmte Änderungen in den Unterlagen vorzunehmen.

Wichtig zu wissen ist auch, dass eine Baugenehmigung immer nur für einen bestimmten Zeitraum gültig ist. Die

Zeitliche Gültigkeit der Baugenehmigung

Geltungsdauer ergibt sich aus der jeweiligen Landesbauordnung und bewegt sich im Bereich von drei Jahren. Wenn innerhalb der Geltungsdauer nicht mit dem Bauvorhaben begonnen oder die Bauausführung für längere Zeit – meist ein Jahr – unterbrochen wird, erlischt die Baugenehmigung. Diese Fristen sollte jeder Bauherr kennen.

Verlängerung der Baugenehmigung

Sollte es zu Verzögerungen oder Unterbrechungen kommen, besteht auch die Möglichkeit, eine Verlängerung der Baugenehmigung zu beantragen. Ein solcher Antrag ist jedoch nur dann wirksam, wenn er bei der Behörde eingegangen ist, *bevor* die Baugenehmigung erloschen ist. Normalerweise beträgt die Verlängerungsfrist bis zu einem Jahr.

Der Bauvorbescheid

Im Zusammenhang mit der Baugenehmigung spielt auch der so genannte Bauvorbescheid in der Praxis eine wichtige Rolle. Ein solcher Bescheid ergeht aufgrund einer Bauvoranfrage.

Bauvorbescheid für späteres Baugenehmigungsverfahren verbindlich

In einer **Bauvoranfrage** beschränkt sich der Bauherr zusammen mit seinem Architekten darauf, einzelne – meist kritische – Punkte seines Vorhabens von der Behörde vorab verbindlich prüfen zu lassen. Wenn er beispielsweise nicht sicher ist, ob auf seinem Grundstück ein Gebäude mit drei Vollgeschossen und einem Satteldach zulässig ist, so kann er diese beiden Punkte isoliert anfragen. Beantwortet die Behörde eine solche Anfrage positiv, kann sich der Bauherr in einem späteren Baugenehmigungsverfahren darauf verlassen, dass von den im Bauvorbescheid beschiedenen Punkten nicht mehr zu Lasten des Bauherrn abgewichen wird.

Der Vorbescheid bindet also die Behörde. Da für einen Bauvorbescheid erheblich weniger Aufwand erforderlich ist, sind die mit ihm verbundenen Kosten in der Regel deutlich geringer als beim Einholen einer Baugenehmigung. Aus diesem Grund stellt der Bauvorbescheid ein effizientes und kostensparendes Mittel dar, einzelne risikobehaftete Aspekte des Vorhabens vorab prüfen zu lassen. **Wichtig:** Auch ein Bauvorbescheid gilt wie eine Baugenehmigung nur für begrenzte Zeit. Eine Verlängerung ist dort ebenfalls möglich. Ein Bauvorbescheid ersetzt jedoch nicht die Baugenehmigung.

Die Zusammenarbeit mit dem Architekten

Die Beauftragung des Architekten

Umfassender Aufgabenbereich des Architekten

Der Architekt ist zweifellos der wichtigste Partner des Bauherrn beim Bauen und begleitet und berät ihn vom Planungsstadium über die Bauausführung bis hin zur eventuellen Überwachung von Gewährleistungsansprüchen. Seine Hauptaufgabe besteht darin, die technische und planungsrechtliche Machbarkeit und Zulässigkeit der vom Bauherrn geäußerten Wünsche zu prüfen und gegebenenfalls umzusetzen. Im Hinblick auf das vom

Bauherrn zugrunde gelegte Budget kommt es darauf an, dass der Architekt technisch akzeptable Lösungen zu wirtschaftlich vertretbaren Preisen in die Tat umsetzt. Auch wenn es darum geht, dem Bauherrn kostengünstigere Alternativen aufzuzeigen, ist die Unterstützung des Architekten für den Bauherrn unerlässlich.

Der Architekt wird den Bauherrn auch darauf aufmerksam machen, wenn er es für erforderlich hält, weitere Spezialisten hinzuzuziehen. So kann er bei entsprechender Bodenbeschaffenheit zur Einschaltung eines Geologen raten. Gerade im »täglichen Geschäft«, wenn es um Anfragen der Baubehörde oder um Anweisungen an Handwerker geht, ist der Bauherr auf die Hilfe des Architekten angewiesen.

Ein Architekt wird beauftragt, indem ein **Architektenvertrag** geschlossen wird. Obwohl gesetzlich nicht vorgeschrieben, wird ein solcher Vertrag in den allermeisten Fällen schriftlich geschlossen. Aus Beweisgründen sollten Sie in Ihrem eigenen Interesse keinesfalls auf einen schriftlichen Vertrag verzichten.

In der Praxis werden häufig Musterverträge verwendet

In der Regel wird der Architekt dem Bauherrn einen vorgedruckten Vertragstext mit der Bitte um Unterzeichnung vorlegen. Da derartige Musterverträge häufig von Interessenvertretungen der Architekten verfasst werden, sollten Sie sich den Vertragstext vor Unterzeichnung kritisch anschauen. Bei den vorgedruckten Formularverträgen handelt es sich um Allgemeine Geschäftsbedingungen (AGB); hier sind durchaus nicht immer alle Klauseln wirksam. Wer als Bauherr keine rechtlichen Risiken eingehen möchte, ist gut beraten, den Vertrag vorher einem Fachmann zur Prüfung vorzulegen.

Die juristische Prüfung von Architektenverträgen durch ausgewiesene Experten im Bereich Baurecht wird auch von einigen Verbraucherzentralen angeboten (Adressen ☞ Seite 148). Bei den Verbraucherzentralen erhalten Sie auch den juristischen Leitfaden »Gestaltung und Abschluss von Architektenverträgen – Rechtliche Risiken und Schranken aus Bauherrensicht« (75 Seiten, 10,23 €).

2

Honorarfreie Akquisition oder vergütungspflichtige Tätigkeit?

Bei der Beauftragung von Architekten besteht ein häufiges Problem darin, abzugrenzen, ab wann die Tätigkeit des Architekten zu vergüten ist. Vor allem wenn sich eine mögliche Zusammenarbeit anbahnt, geht der Bauherr – und häufig auch der Architekt – von einer kostenlosen Tätigkeit aus. Der Architekt tut dies nicht selten in der Hoffnung auf eine spätere Beauftragung. Allerdings zeigt sich in der Praxis immer wieder, dass die Abgrenzung zwischen honorarfreier Akquisition und honorarpflichtiger Leistung im Einzelfall sehr schwierig zu treffen ist.

Bezahlung des Architekten möglichst frühzeitig klären

Vor allem, wenn sich der Bauherr nach einer gewissen Zeit für einen anderen Architekten entscheidet oder von seinem Vorhaben Abstand nimmt, kann er durch eine Rechnung des Architekten überrascht werden. Die Vielzahl der zu diesem Thema ergangenen Gerichtsentscheidungen zeigt, wie kritisch dieser Punkt ist. Aus diesem Grund sollten Sie als Bauherr diesen Sachverhalt möglichst frühzeitig klären.

Möglichkeit der Teilbeauftragung

Wenn Sie noch nicht sicher sind, ob Sie mit einem bestimmten Architekten auch tatsächlich weiterhin arbeiten wollen, besteht durchaus die Möglichkeit, lediglich einen Teil der Architektenleistungen in Auftrag zu geben. Sie können dann später entscheiden, ob Sie auch die übrigen Leistungen von diesem Architekten erbringen lassen möchten. So können Sie beispielsweise zunächst die Leistungsphase 1 (Grundlagenermittlung ☞ Seite 62) beauftragen. Im Rahmen eines so genannten **Vorplanungsvertrags** werden häufig die Leistungsphasen 1 und 2 (Grundlagenermittlung und Vorplanung ☞ Seite 62) beim Architekten in Auftrag gegeben.

Schriftlicher Vertrag als sichere Basis für die Zusammenarbeit mit dem Architekten

Voraussetzung für einen Honoraranspruch des Architekten ist in jedem Fall der wirksame Abschluss eines Architektenvertrags. Im Fall einer schriftlichen Beauftragung gibt es daher in der Regel keinen Zweifel über die Frage, ob eine entgeltliche Tätigkeit vorliegt. Anders verhält es sich jedoch, wenn das Tätigwerden lediglich auf mündlicher Basis erfolgt oder durch schlüssiges Handeln. Dies ist etwa dann der Fall, wenn der Architekt mit Einverständnis des Bauherrn erste Leistungen erbringt.

Unzulässige Kopplungsgeschäfte

Unwirksam ist ein Architektenvertrag auch bei schriftlichem Abschluss immer dann, wenn ein unzulässiges Kopplungsgeschäft vorliegt. Dies ist beispielsweise der Fall, wenn der Kauf eines Baugrundstücks davon abhängig gemacht

wird, dass Sie die Leistungen eines bestimmten Architekten in Anspruch nehmen. Entsprechendes gilt etwa auch dann, wenn Sie verpflichtet werden, bereits erbrachte Leistungen eines Architekten zu übernehmen. In solchen Fällen ist der Architektenvertrag unwirksam. **Wichtig:** An der Wirksamkeit des Grundstückskaufvertrags ändert dies jedoch nichts.

Eine Konsequenz aus einem unwirksamen Architektenvertrag besteht darin, dass der Architekt keinen vertraglichen Honoraranspruch gegen Sie hat. Soweit er Ihnen gegenüber bereits verwertbare Leistungen erbracht hat, sind diese über die Grundsätze der ungerechtfertigten Bereicherung abzuwickeln und führen auf diesem Weg zu einer Zahlungspflicht.

2

Der Architektenvertrag

Der Architektenvertrag ist als Werkvertrag auf den Erfolg der Tätigkeit gerichtet

Beim Architektenvertrag handelt es sich rechtlich um einen Werkvertrag im Sinn des § 631 Bürgerliches Gesetzbuch (BGB). Der Architekt ist entsprechend verpflichtet, einen bestimmten Erfolg zu erreichen; es genügt – anders als beim Dienstvertrag – nicht, dass er lediglich tätig wird. Nur, wenn seine Tätigkeit erfolgreich ist, hat er seine Verpflichtungen erfüllt. Wenn der Architekt also einen Bauantrag einreicht, muss dieser so gestaltet sein, dass er genehmigungsfähig ist. Wird der Bauantrag abgelehnt, weil die geltenden Bauvorschriften nicht eingehalten wurden, hat der Architekt seine vertraglich geschuldete Leistung noch nicht erbracht. Entsprechend ist auch noch kein vollständiger Honoraranspruch entstanden. Anstelle der Leistungsphasen 1 bis 4 (Genehmigungsplanung ☞ Seite 62) sind in diesem Fall die Leistungsphasen 1 und 2 (Grundlagenermittlung, Vorplanung ☞ Seite 62) zu vergüten. Aus diesem Grund sollten Sie darauf achten, dass im Architektenvertrag das geplante Bauvorhaben möglichst genau beschrieben wird.

Leistungsphasen der HOAI als Gegenstand des Architektenvertrags

Die von Architekten häufig verwendeten Formularverträge orientieren sich bei der Beschreibung der vertraglichen Pflichten des Architekten an den Leistungsphasen des § 15 der Honorarordnung für Architekten und Ingenieure (HOAI). Dies ist insoweit nicht unbedenklich, als die HOAI lediglich eine Preisregelung darstellt und damit keine Aussage über die vom Architekten geschuldeten Leistungen macht.

§ 15 Absatz 2 HOAI enthält insgesamt neun Leistungsphasen, die wie folgt unterteilt werden:

- **Leistungsphase 1:** Grundlagenermittlung
  Ermitteln der Voraussetzungen zur Lösung der Bauaufgabe durch die Planung.

- **Leistungsphase 2:** Vorplanung (Projekt- und Planungsvorbereitung)
  Erarbeiten der wesentlichen Teile einer Lösung der Planungsaufgabe.

- **Leistungsphase 3:** Entwurfsplanung (System- und Integrationsplanung)
  Erarbeiten der endgültigen Lösung der Planungsaufgabe.

- **Leistungsphase 4:** Genehmigungsplanung
  Erarbeiten und Einreichen der Vorlagen für die erforderlichen Genehmigungen oder Zustimmungen.

- **Leistungsphase 5:** Ausführungsplanung
  Erarbeiten und Darstellen der ausführungsreifen Planungslösung.

- **Leistungsphase 6:** Vorbereitung der Vergabe
  Ermitteln der Mengen und Aufstellen von Leistungsverzeichnissen.

- **Leistungsphase 7:** Mitwirkung bei der Vergabe
  Ermitteln der Kosten und Mitwirkung bei der Auftragsvergabe.

- **Leistungsphase 8:** Objektüberwachung (Bauüberwachung)
  Überwachen der Ausführung des Objekts.

- **Leistungsphase 9:** Objektbetreuung und Dokumentation
  Überwachen der Beseitigung von Mängeln und Dokumentation des Gesamtergebnisses.

Grundleistungen und Besondere Leistungen gemäß HOAI

Neben diesen so genannten Grundleistungen können in jeder Leistungsphase noch Besondere Leistungen hinzukommen. So kann beispielsweise in der Leistungsphase 2 (Vorplanung) als Besondere Leistung das Aufstellen eines Finanzierungsplans oder die Einholung einer Bauvoranfrage vereinbart werden.

Eine Vollarchitektur umfasst sämtliche Leistungsphasen

Werden alle neun Leistungsphasen in Auftrag gegeben, so spricht man von einer Vollarchitektur. Wie bereits angedeutet, ist es jedoch auch möglich, zunächst einzelne Leistungsphasen zu beauftragen. Aus Sicht des Bauherrn ist dies immer dann angezeigt, wenn er sich noch nicht endgültig an den Architekten binden möchte oder noch nicht sicher weiß, ob er das Bauvorhaben tatsächlich durchführen möchte.

Die wichtigsten Punkte, die in einem Architektenvertrag geregelt werden, sind:

Die wichtigsten Vertragsinhalte

Beschreibung der Vertragsparteien: Hier sollten Sie genau darauf achten, wer als Bauherr im Vertrag aufgeführt wird. Bei Ehepaaren kann das ein einzelner Ehepartner oder beide Ehegatten zusammen sein. Bei der Beauftragung durch beide Partner müssen Sie jedoch wissen, dass der zweite Ehegatte im Fall einer gerichtlichen Auseinandersetzung mit dem Architekten aus prozessualen Gründen nicht als Zeuge auftreten kann.

Auf detaillierte Beschreibung achten

Gegenstand des Vertrags und Umfang der Beauftragung: Hier sollte so detailliert wie möglich beschrieben werden, welche Arbeiten der Architekt zu erbringen hat. Die meisten Vertragsformulare orientieren sich hierbei an den Grundleistungen des § 15 Absatz 2 HOAI. Geregelt wird hier üblicherweise auch, dass der Architekt den Bauherrn über alle wesentlichen Angelegenheiten, vor allem eine Überschreitung der ermittelten Baukosten, zu unterrichten hat. Geregelt wird auch, wie weit die Vollmacht des Architekten reicht und unter welchen Voraussetzungen er hiervon Gebrauch machen darf.

Unterstützung des Architekten durch den Bauherrn wird vertraglich geregelt

Aufgaben des Bauherrn: Zur ordnungsgemäßen Erfüllung seiner Aufgaben benötigt der Architekt die Unterstützung des Bauherrn. Dazu gehört auch die Beauftragung von Sonderfachleuten, soweit dies im Einzelfall erforderlich ist. Zur ordnungsgemäßen Überprüfung der von den Handwerkern ausgestellten Rechnungen verpflichtet sich der Bauherr, diese dem Architekten zu übergeben. Ebenso verpflichtet er sich, die Abnahme der von den Handwerkern erbrachten Leistungen nur nach entsprechender Beratung durch den Architekten zu erklären. Ob dieser letzte Punkt in einem Formularvertrag wirksam vereinbart werden kann, ist umstritten, weil der Bauherr als »Herr« des Verfahrens machen kann, was er will. Auf jeden Fall liegt es aber im Interesse des Bauherrn, sich vor Erklärung der Abnahme beim Architekten zu versichern, dass die Leistungen vertragsgemäß erbracht wurden.

Grundlagen des Honorars: In dieser Klausel werden die komplizierten Einzelheiten geregelt, die bei der Berechnung des Architektenhonorars eine Rolle spielen. Für besondere Fälle können Zuschläge, zum Beispiel ein

Umbauzuschlag, vereinbart werden. **Wichtig:** Bei der gesonderten Beauftragung der Leistungsphasen 2, 3 und 8 können höhere Prozentsätze vereinbart werden. Einzelheiten sind in § 19 HOAI geregelt. Als Bauherr sollten Sie in diesem Fall jedoch den von der HOAI zur Verfügung gestellten Verhandlungsspielraum zu Ihren Gunsten nutzen.

Die für die genaue Ermittlung der Honorarsumme besonders wichtige Feststellung der anrechenbaren Kosten ergibt sich aus der HOAI nach Maßgabe der jeweiligen Kostenermittlungsarten gemäß DIN 276.

Abrechnung der Nebenkosten

In einem separaten Abschnitt werden die zusätzlich zum Honorar in Rechnung gestellten Nebenkosten behandelt, beispielsweise Porto und Telefongebühren, Fahrtkosten, Tagesgeldpauschale, Übernachtungskosten. Möglich ist auch, die Nebenkosten pauschal in Höhe eines Prozentsatzes vom Nettohonorar zu vereinbaren. Außerdem wird meist klarstellend geregelt, dass zur Vergütung des Architekten noch die Mehrwertsteuer berechnet wird.

Besonders wichtig sind die Zahlungsregelungen. Nach § 8 Absatz 1 HOAI wird das Honorar erst dann fällig, wenn der Architekt nach vertragsgemäßem Erbringen seiner Leistungen dem Bauherrn eine prüffähige Honorarschlussrechnung (☞ Seite 74) überreicht hat. Allerdings ist er berechtigt, in angemessenen zeitlichen Abständen für nachgewiesene Leistungen Abschlagszahlungen zu verlangen. Nicht selten sehen die Formularverträge abweichende Zahlungspläne vor, die Sie einer kritischen Prüfung unterziehen sollten.

Urheberrecht: Hier wird geregelt, dass eventuelle Rechte nach dem Urheberrechtsgesetz beim Architekten verbleiben.

Gesetzliche Verjährungsfrist sollte nicht verkürzt werden

Haftung, Gewährleistung und Verjährung: Hier sollten Sie darauf achten, dass sich die Gewährleistungs- und Schadenersatzansprüche möglichst nach den gesetzlichen Regeln richten. Auch einer Abkürzung der vom Gesetz vorgesehenen Verjährungsfrist von fünf Jahren sollten Sie nicht zustimmen. Die Verjährung beginnt mit der Abnahme der Architektenleistungen.

Haftpflichtversicherung: Hier wird der Architekt zum Abschluss und Nachweis einer ausreichenden Haftpflichtversicherung verpflichtet. Auf einen aktuellen Nachweis der Versicherung sollten Sie nicht verzichten. Durch den Abschluss einer Haftpflichtversicherung erhöht sich die »Bonität« des Architekten; vor allem wenn dieser zahlungsunfähig wird, kann dies vorteilhaft sein.

Vorzeitige Beendigung des Vertrags: In dieser Klausel wird geregelt, wie sich die Vergütung des Architekten bei einer vorzeitigen Kündigung des Vertrags berechnet. Gerade wenn der Bauherr von dem ihm zustehenden jederzeitigen Kündigungsrecht Gebrauch macht, ist dies von Bedeutung.

Die häufig noch anzutreffenden pauschalierten Aufwendungssätze sind unwirksam, zum Beispiel die Formulierung: »40 Prozent des durch die Kündigung entgangenen Honorars werden für ersparte Aufwendungen in Ansatz gebracht.« Auch hier sollten Sie darauf achten, dass die Folgen einer solchen Kündigung entsprechend den gesetzlichen Bestimmungen geregelt werden.

Wichtig:
Was geschieht mit den Unterlagen nach Ende der Aufbewahrungspflicht?

Aufbewahrungspflicht: Hier wird der Architekt verpflichtet, die von ihm erstellten Unterlagen mindestens noch fünf Jahre nach Abnahme aufzubewahren. Diese Praxis wird sich infolge gesetzlicher Änderungen in Zukunft verändern. Achten Sie darauf, dass die Herausgabe der Unterlagen nicht von der Zahlung der Architektenvergü-

tung abhängig gemacht wird. Wichtig ist auch, dass sich der Architekt verpflichtet, die bei ihm verbliebenen Unterlagen vor einer eventuellen Aktenvernichtung dem Bauherrn anzubieten.

Die Berechnung der Architektenvergütung

Unterscheidung von Grundleistungen und Besonderen Leistungen

Die genaue Berechnung des Architektenhonorars anhand der HOAI ist kompliziert. Zu unterscheiden ist zwischen den bereits angesprochenen Grundleistungen und den Besonderen Leistungen. Diese dürfen nur dann zusätzlich zu den Grundleistungen abgerechnet werden, wenn die beiden folgenden Voraussetzungen des § 5 Absatz 4 Satz 1 HOAI erfüllt sind:

- Die Besonderen Leistungen erfordern im Verhältnis zu den Grundleistungen einen nicht unwesentlichen Arbeits- und Zeitaufwand, und
- die konkret benannten Besonderen Leistungen müssen schriftlich vereinbart werden.

Mindest- und Höchstsätze

Bei den Grundleistungen sieht die HOAI Mindest- und Höchstsätze vor. Dabei ist für den Bauherrn § 4 Absatz 4 HOAI von besonderer Bedeutung. Dort wird geregelt, dass immer dann, wenn nicht bei Auftragserteilung etwas Abweichendes bestimmt worden ist, die jeweiligen Mindestsätze als vereinbart gelten. Diese so genannte Mindestsatzfiktion ist für Bauherrn dann wichtig, wenn sich der Architekt auf eine über den Mindestsätzen liegende Vergütung beruft. In diesem Fall muss er nachweisen, dass eine solche Vereinbarung die beiden folgenden Voraussetzungen erfüllt:

- schriftliche Vereinbarung des erhöhten Honorars;
- Vereinbarung bei Auftragserteilung.

Nicht selten stellt sich bei gerichtlichen Streitigkeiten um die Honorarhöhe heraus, dass der Bauherr erst zu einem Zeitpunkt nach der Auftragserteilung einer über den Mindestsätzen liegenden Vergütung zugestimmt hat. Eine solche Vereinbarung ist unwirksam, sodass es bei den Mindestsätzen bleibt. Die Honorarhöhe sollte der Bauherr bei den ersten Gesprächen mit dem Architekten fixieren.

Mindestsätze dürfen in aller Regel nicht unterschritten werden

Aber auch eine *Unter*schreitung der Mindestsätze ist nur durch schriftliche Vereinbarung und nur in Ausnahmefällen zulässig. Für den privaten Bauherrn spielen allerdings die von der Rechtsprechung zugelassenen Ausnahmefälle praktisch keine Rolle. So wurde beispielsweise entschieden, dass auch die gemeinsame Mitgliedschaft in einem Tennisverein keinen Grund für eine Unterschreitung der Mindestsätze darstellt.

Anrechenbare Kosten und Honorarzonen

Bei der im Detail sehr komplizierten Berechnung des Honorars für die Grundleistungen gilt das folgende Verfahren: Der Honorartafel zu § 16 Absatz 1 HOAI können Mindest- und Höchstgebührensätze entnommen werden, nachdem in einem ersten Schritt die anrechenbaren Kosten und in einem zweiten die Honorarzone festgelegt worden sind.

Bei den Honorarzonen wird nach fünf Schwierigkeitsgraden unterschieden

Die Ermittlung der anrechenbaren Kosten ergibt sich aus § 10 HOAI. Von Bedeutung ist hier, dass die Kosten des Baugrundstücks sowie die Baunebenkosten außer Betracht bleiben. Nach Feststellung der anrechenbaren Kosten wird die Honorarzone bestimmt. Die Honorartafel sieht fünf verschiedene Honorarzonen vor. Dabei bezeichnet Zone I einen sehr geringen Schwierigkeitsgrad, während die Zone V einen sehr hohen Schwierigkeitsgrad bezeichnet. Ein normales Einfamilienhaus fällt in der Regel in die Honorarzone III.

Beispiel

Die folgenden drei Beispiele vermitteln eine Orientierung über die Honorarspannen, die sich aus der Honorartafel ergeben:

- Bei anrechenbaren Kosten in Höhe von 200.000 € bewegt sich das Architektenhonorar in Zone III zwischen 21.586 € und 26.792 €.
- Bei anrechenbaren Kosten in Höhe von 300.000 € liegt das Honorar zwischen 30.650 € und 37.643 €.
- Bei anrechenbaren Kosten in Höhe von 400.000 € liegt das Honorar zwischen 38.127 € und 47.432 €.

Leistungsphasen nach der HOAI

Das gesamte Honorar wird nach § 15 Absatz 1 HOAI auf die einzelnen Leistungsphasen (☞ Seite 62)aufgeteilt:

Leistungsphase	Honoraranteil
1 Grundlagenermittlung	**3** %
2 Vorplanung	**7** %
3 Entwurfsplanung	**11** %
4 Genehmigungsplanung	**6** %
5 Ausführungsplanung	**25** %
6 Vorbereitung der Vergabe	**10** %
7 Mitwirkung bei der Vergabe	**4** %
8 Objektüberwachung	**31** %
9 Objektbetreuung und Dokumentation	**3** %
	100 %

Haftung für mangelhafte Architektenleistungen

Weisen die Leistungen des Architekten Mängel auf, kann dies zu erheblichen Schäden am Bauwerk führen. Die Schwerpunkte fehlerhafter Leistungen stellen Mängel in der Planungsphase und Überwachungsfehler während der Bauausführung dar.

Planungsfehler
In der Planungsphase kann es **in technischer Hinsicht** beispielsweise zu folgenden Fehlern kommen:

- nicht ausreichende oder fehlende Schall- und/oder Wärmedämmung;
- fehlerhafte Konstruktion eines Flachdachs;
- fehlerhafte Konstruktion der Fundamente;
- ungenügend ausgebildete Dehnfugen;
- fehlende Verankerung des Dachs an der Umfassungsmauer;
- Herstellung eines Dachgebälks ohne Querversteifung;
- Fehlen von Winterschutzmaßnahmen;
- falsche Wohnflächenberechnung;
- fehlende Ringdrainage bei einem Hanggrundstück.

Aber auch im **wirtschaftlichen Bereich** können Planungsfehler auftreten, wie die folgenden Beispiele zeigen:

- vereinbartes Kostenlimit oder vom Bauherrn vorgegebene Bausumme wird nicht eingehalten;
- unwirtschaftliche Planung durch Überdimensionierung von einzelnen Gewerken, zum Beispiel Fundamenten;
- Fehler bei der Kostenermittlung;
- Fehler bei der Ausschreibung der einzelnen Bauleistungen;

- fehlerhafte Koordination der am Bau Beteiligten – beispielsweise werden Dachdeckerarbeiten an einem Flachdach so ungünstig koordiniert, dass die auf dem Flachdach aufgebrachte Dachhaut anschließend von den Maurern wieder durchlöchert werden muss.

Überwachungsfehler

Bei Standardarbeiten regelmäßige Kontrolle durch Architekt notwendig

Bei der zweiten großen Fehlergruppe haben Architekten die Bauausführung mangelhaft überwacht. Dies kommt vor allem dann vor, wenn sie auch als Bauleiter tätig werden. Dabei ist anerkannt, dass vom Architekten nicht verlangt werden kann, dass er ständig auf der Baustelle anwesend ist. Soweit es um einfache, gängige Arbeiten eines Handwerkers oder Bauunternehmers geht, ist es ausreichend, wenn sich der Architekt in regelmäßigen Abständen durch Kontrollen von der ordnungsgemäßen Ausführung der Arbeiten überzeugt. Ebenso muss er überprüfen, ob von ihm erteilte Anweisungen auch tatsächlich befolgt werden.

Erhöhte Anforderungen bei kritischen und besonders wichtigen Baumaßnahmen

Erhöhte Anforderungen an die Überwachungstätigkeit stellen die Gerichte jedoch immer dann, wenn es um besonders wichtige oder kritische Baumaßnahmen geht. Dies ist beispielsweise anerkannt für im Hinblick auf die Statik bedeutsame Arbeiten, etwa die Anbringung von Beton- oder Stahlbetondecken. Hier müssen Architekten sowohl die Qualität des Betons als auch der zur Bewehrung verwendeten Stahlmatten intensiver überwachen. Entsprechendes gilt beispielsweise auch für den Bau der in der Praxis besonders schadenanfälligen Drainagen. Auch wenn es um Arbeiten an Nahtstellen, zum Beispiel Abdichtungs- oder Isolierungsarbeiten, geht, wird vom Architekten eine erhöhte Aufmerksamkeit und Anwesenheit verlangt. Ebenfalls anerkannt ist, dass Ausschachtungs-, Abbruch- und Fundamentierungsarbeiten einer besonders intensiven Überwachung bedürfen.

Frühzeitig handeln, um gesetzliche Fristen einzuhalten

Durchsetzung von Ansprüchen

Immer dann, wenn Sie mangelhafte Architektenleistungen feststellen, ist es von besonderer Bedeutung, dass Sie die gesetzlich vorgeschriebenen Schritte einhalten. Daran scheitert in der Praxis häufig die Durchsetzung berechtigter Ansprüche. Die Erfahrung zeigt ebenfalls, dass es bei erkennbaren Architektenmängeln sinnvoll ist, möglichst früh anwaltliche Hilfe in Anspruch zu nehmen. Viele Bauherren verlieren unnötige Zeit durch rechtlich irrelevante Korrespondenz. In vielen Fällen werden dadurch Fristen versäumt, in denen weitergehende Ansprüche geltend gemacht werden müssen. Anwaltliche Hilfe ist aber auch insoweit ratsam, als die nicht immer einfache Frage zu klären ist, ob tatsächlich ein Architektenfehler vorliegt.

Wollen Sie Gewährleistungsansprüche gegenüber dem Architekten geltend machen, haben Sie zunächst einen Anspruch auf Nacherfüllung. Allerdings steht dem Architekten hier ein Wahlrecht zu: Er kann zwischen Nachbesserung und Neuherstellung wählen. Für welche Möglichkeit sich der Architekt entscheidet, steht ihm frei. Kommt er seiner Verpflichtung zur Nacherfüllung nicht nach, stehen dem Bauherrn weitergehende Ansprüche zu. Es handelt sich dabei um das Recht zur Selbstvornahme, den Rücktritt vom Vertrag, die Minderung sowie unter Umständen den Anspruch auf Schadenersatz.

Bevor Sie diese Ansprüche geltend machen, müssen Sie jedoch dem Architekten eine Frist setzen. Dies geschieht am besten in Form eines Schreibens, in dem der Architekt zur Nacherfüllung aufgefordert wird. (Musterbrief ☞ Seite 97). Die Frist muss angemessen sein; ihre Bemessung hängt von den Umständen des Einzelfalls ab. Ist die Frist erfolglos verstrichen, können Sie zwischen Selbstvornahme, Rücktritt und Minderung wählen. Auf ein Verschulden des Architekten kommt es bei diesen Ansprüchen nicht an. Lediglich wenn Sie Schadenersatz geltend machen, müssen Sie dem Architekten ein Verschulden nachweisen.

Beim Nachbesserungsanspruch des Architekten besteht jedoch insoweit eine Besonderheit, als es um fehlerhafte Planungen geht. Diese können naturgemäß nur durch Korrekturen der falschen Planung beseitigt werden. Dies ist nur möglich, solange nach den fehlerhaften Plänen noch nicht gebaut wurde. Wurden hingegen die mangelhaften Pläne bereits umgesetzt, reicht eine Änderung der Planung nicht mehr aus. Vielmehr müssen in diesem Fall die auf der fehlerhaften Planung beruhenden Baufehler beseitigt werden. Deshalb sind Sie als Bauherr verpflichtet, dem Architekten die Möglichkeit einzuräumen, bereits entstandene Baumängel durch Einschaltung eines Bauunternehmers beseitigen zu lassen. Das sollten Sie dem Architekten unbedingt ermöglichen, bevor Sie zur Selbstvornahme schreiten und dadurch Kosten auslösen. Sie riskieren sonst, dass der Architekt später – bei der Inanspruchnahme auf Aufwendungsersatz – einwendet, er hätte diese Arbeiten durch ein Unternehmen seiner Wahl günstiger erbringen lassen können.

Beseitigung von Baumängeln, die auf fehlerhafter Planung beruhen

Häufig ist es für den Bauherrn nicht einfach zu klären, ob ein bestimmter Mangel allein auf den Fehler eines Handwerkers oder auch auf einen Architektenfehler zurückzuführen ist. Immer wieder verhält es sich auch so, dass sowohl der Architekt als auch der Handwerker für einen Baumangel verantwortlich ist.

Verantwortlichkeit von Architekt oder Handwerker nicht immer eindeutig abzugrenzen

Beispiel
Der Bauunternehmer nimmt für die Fundamente minderwertigen Beton, der Architekt unterlässt die von ihm geforderte Überwachung der Betonierungsarbeiten.

In derartigen Fällen haften Architekt und Handwerker als so genannte Gesamtschuldner. Kommt es zum Prozess, können beide auch gemeinsam verklagt werden. Der Bauherr hat dann die Wahl, welchen der beiden Gesamtschuldner er in welcher Höhe in Anspruch nimmt. Dies ist vor allem von Bedeutung, wenn beispielsweise ein Handwerker in Konkurs fällt. Der Bauherr hat dann die Möglichkeit, den gesamten Schaden vom Architekten in voller Höhe ersetzt zu verlangen. Inwieweit der Architekt seinen (internen) Regressanspruch gegenüber dem Handwerker durchsetzen kann, ist seine persönliche Sache. Dieser prozessuale Hinweis soll lediglich verdeutlichen, wie wichtig es sein kann, beim Auftreten von Mängeln rechtzeitig einen Anwalt zu konsultieren.

Prüffähige Honorarschlussrechnung

Eine wichtige Besonderheit der HOAI besteht darin, dass die vollständige Vergütung des Architekten erst dann fällig wird, wenn er dem Bauherrn eine »prüffähige Honorarschlussrechnung« vorlegt. Darüber hinaus hat der Architekt einen Anspruch darauf, Abschlagszahlungen zu fordern, wenn eine abrechnungsfähige Teilleistung erbracht ist. Diese Abschlagszahlungen werden später bei der Honorarschlussrechnung in Ansatz gebracht.

Kriterien für prüffähige Abschlussrechnung

In der Praxis gibt es immer wieder Streit über die Frage, wann eine Schlussrechnung »prüffähig« ist. Nach der Rechtsprechung ist dies dann der Fall, wenn sie die vom Architekt vertragsgemäß erbrachten Leistungen in prüfbarer Weise darstellt. Dazu gehört insbesondere, dass die Schlussrechnung so aufgeschlüsselt und gegliedert ist, dass der Bauherr unschwer in der Lage ist, die sachliche und rechnerische Richtigkeit zu überprüfen. Bei den in der Praxis häufigen Auseinandersetzungen über die Vergütung des Architekten spielt die Frage der prüfbaren Schlussrechnung eine zentrale Rolle. Vor diesem Hintergrund sollte sich jeder Bauherr über die besondere Bedeutung der Honorarschlussrechnung im Klaren sein.

Der Bauvertrag

Obwohl der Begriff Bauvertrag bei der Beauftragung von Bauunternehmern und Handwerkern durch den Bauherrn weit verbreitet ist, handelt es sich hierbei um keinen eigenständigen Vertragstyp. Genau wie der Architektenvertrag ist der Bauvertrag rechtlich gesehen ein Werkvertrag im Sinn von §§ 631 ff. Bürgerliches Gesetzbuch (BGB). Entsprechend schuldet auch der Bauunternehmer oder der Handwerker einen konkreten Erfolg, der Bauunternehmer beispielsweise die fachgerechte Errichtung des Rohbaus unter Einhaltung der anerkannten Regeln der Technik.

Was die vertraglichen Einzelheiten anbelangt, so kommen grundsätzlich zwei verschiedene Vertragstypen in Betracht: BGB-Vertrag und VOB-Vertrag.

BGB-Vertrag oder VOB?

Der Bauvertrag kann als so genannter BGB-Vertrag oder als VOB-Vertrag ausgestaltet werden. Damit hat es Folgendes auf sich: Wird der Vertrag auf Basis der Vorschriften des im BGB geregelten Werkvertrags geschlossen, so liegt ein BGB-Vertrag vor. Für alle Fragen, die sich aus dem Bauvertrag ergeben, finden dann die gesetzlichen Regelungen der §§ 631–650 BGB Anwendung.

VOB ursprünglich für den öffentlichen Baubereich gedacht

Etwas anderes gilt, wenn die Verdingungsordnung für Bauleistungen (VOB) vereinbart wird. In diesem Fall werden die Vorschriften des Werkvertragsrechts in vielen

Punkten durch die Regelungen der VOB ersetzt. Bei der VOB handelt es sich um ein Klauselwerk, das ursprünglich für den öffentlichen Baubereich geschaffen wurde. Bund, Länder und Gemeinden sowie andere öffentliche Institutionen legen bei von ihnen in Auftrag gegebenen Arbeiten immer die VOB zugrunde. Aber auch ein privater Bauherr hat die Möglichkeit, mit seinen Auftragnehmern die Bestimmungen der VOB zu vereinbaren.

Die VOB besteht aus drei Teilen:

- Der **Teil A (VOB/A)** enthält Regelungen über die Ausschreibung von Bauarbeiten.
- Im **Teil B (VOB/B)** finden sich die vertraglichen Bestimmungen der VOB.
- Im **Teil C (VOB/C)** sind schließlich die technischen Normen festgelegt, denen die erbrachten Bauleistungen entsprechen müssen. Hier handelt es sich im Wesentlichen um die für die verschiedenen Gewerke anwendbaren DIN-Normen.

Wenn im Zusammenhang mit privaten Bauvorhaben vom VOB-Vertrag gesprochen wird, so wird damit zum Ausdruck gebracht, dass kein BGB-Vertrag, sondern ein Vertrag unter Geltung der VOB/B geschlossen wurde. Die VOB/A sowie die VOB/C werden von privaten Bauherren normalerweise nicht vereinbart.

Bevorstehende Novellierung der VOB/B

Die Darstellung in diesem Ratgeber bezieht sich auf die VOB/B in der Fassung des Jahres 2000. Die VOB/B baut insbesondere im Gewährleistungsrecht auf Begriffen und Bestimmungen der bis zum 31. Dezember 2001 geltenden Fassung des BGB auf, die – im Zuge der Schuldrechtsreform – zum Teil einschneidend geändert worden sind. Eine grundlegende Novellierung der VOB/B steht unmittelbar bevor.

Bei VOB höhere Anforderungen an Bauvertragsparteien

Häufig stellen sich Bauherren die Frage, ob BGB- oder VOB-Vertrag besser für ihre Bedürfnisse geeignet ist. Diese Frage lässt sich nicht allgemein beantworten. Einerseits stellt die VOB ein spezielles Regelwerk dar, das auf die Verhältnisse am Bau besser zugeschnitten ist als die Bestimmungen des Werkvertragsrechts. Auf der anderen Seite stellt die VOB an die Parteien des Bauvertrags höhere Anforderungen. Sie ist insoweit »professioneller«, als die Vertragspartner dort relativ schnell ihre Rechte verlieren, wenn sie nicht bestimmte Formalien und Fristen einhalten. Allerdings werden die auf dem Werkvertragsrecht des BGB basierenden Vertragswerke immer mehr den speziellen Erfordernissen beim Bauen angepasst.

Erhöhtes Risiko durch kürzere Gewährleistungsfrist der VOB

Ein wesentlicher Nachteil der VOB/B besteht in der kurzen Gewährleistungsfrist für Baumängel. Anders als beim BGB-Vertrag verjähren Baumängel nach der VOB/B nicht erst nach fünf, sondern bereits nach zwei Jahren. Da sich die meisten Mängel erfahrungsgemäß deutlich *nach* Ablauf der Zweijahresfrist zeigen, ist dies für viele Bauherren ein Grund, die VOB zu meiden. Tückisch für unerfahrene Bauherren ist auch die in der VOB vorgesehene »fiktive Abnahme«. Danach gilt die Abnahme in bestimmten Fällen dann als erfolgt, wenn der Bauherr zwölf Werktage verstreichen lässt, nachdem ihm der Bauunternehmer die Fertigstellung der Bauarbeiten schriftlich mitgeteilt hat. Wegen der weit reichenden rechtlichen Konsequenzen der Abnahme ist dies nicht ohne Risiko.

Letztendlich muss jeder Bauherr individuell entscheiden, welchem Vertragstyp er den Vorzug gibt, wobei es auch eine Rolle spielen kann, wie erfahren der Architekt im Umgang mit der VOB/B ist. Im Übrigen kommt es darauf an, inwieweit sich die Vorstellungen von Bauherr und Bauunternehmer decken. In der Praxis wird dem Bauherrn nicht selten ein Vertragsformular des Bauunternehmers vorgelegt. Erfahrungsgemäß neigen Bauunternehmer häufig zur Verwendung der VOB. Welcher Vertrag letztendlich zur Anwendung gelangt, ist Verhandlungssache.

VOB kommt nur durch ausdrückliche Vereinbarung zur Anwendung

Allerdings sollten Sie sich bei derartigen Diskussionen nicht von unzutreffenden Argumenten Ihres zukünftigen Vertragspartners beeinflussen lassen. So wird beispielsweise immer wieder behauptet, bei der VOB/B handele es sich um »Gewohnheitsrecht am Bau«, das dort zwingend vorgeschrieben sei. Dies ist – jedenfalls für den privaten Bauherrn – unzutreffend. Die VOB kommt vielmehr erst dann zur Anwendung, wenn beide Vertragspartner dies ausdrücklich vereinbaren. Daraus ergibt sich folgende, in der Praxis wichtige Konsequenz: Immer dann, wenn der Vertrag über die Anwendbarkeit der VOB nichts aussagt, liegt ein BGB-Vertrag vor. Der BGB-Vertrag gilt sozusagen automatisch, wenn nicht ausdrücklich die VOB/B vereinbart ist.

Aus diesem Grund wird der Schwerpunkt der Darstellung in diesem Ratgeber auf dem BGB-Vertrag liegen. Lediglich zur Erläuterung werden einige wichtige Abweichungen der VOB besonders hervorgehoben.

Bloßer Hinweis auf VOB im Vertrag in der Regel nicht ausreichend

Wenn bei privaten Bauvorhaben die VOB vereinbart werden soll, gelten zusätzliche Einschränkungen. So haben die Gerichte bereits vor langer Zeit entschieden, dass bei einem mit der VOB nicht vertrauten Bauherrn ein bloßer Hinweis auf die VOB im Vertrag normalerweise nicht ausreicht. Erforderlich ist vielmehr, dass einem in Bausachen nicht bewanderten Privatmann der Inhalt der VOB konkret zur Kenntnis gebracht wird – beispielsweise dadurch, dass ein Text der VOB/B dem Vertrag beigeheftet wird. Nicht ausreichend ist hingegen, wenn im Vertrag lediglich darauf hingewiesen wird, dass ein Exemplar der VOB in jeder Buchhandlung erworben werden könne. Auf diese Weise kann die VOB nicht wirksam vereinbart werden – mit der Folge, dass dann ein BGB-Vertrag vorliegt.

Die Vereinbarung der VOB – auch das ist wichtig zu wissen – muss bei Vertragsschluss erfolgen. Wird erst später vom Bauunternehmer die VOB »nachgeschoben«, so wird sie dadurch nicht wirksam einbezogen. Es kommt beispielsweise immer wieder vor, dass Bauunternehmer in der nach der Beauftragung ausgetauschten Korrespondenz auf die Geltung der VOB hinweisen. Ein derartiges Vorgehen führt nicht zur nachträglichen Einbeziehung der VOB.

Geltung der VOB kann nicht nachträglich vereinbart werden

Entscheidend ist allein, was zum Zeitpunkt des Vertragsschlusses (Beauftragung) konkret vereinbart wurde. Da ein Bauvertrag durchaus auch mündlich abgeschlossen werden kann, liegt bei einer nicht weiter spezifizierten »Beauftragung« eines bestimmten Handwerkers oder Unternehmers ein BGB-Vertrag vor.

Die verschiedenen Formen des Unternehmereinsatzes

Es wurde bereits im 1. Kapitel (☞ Seite 14) darauf hingewiesen, dass es verschiedene vertragliche Möglichkeiten gibt, Handwerker beziehungsweise den Bauunternehmer in das Bauvorhaben einzubinden. Ausgangspunkt ist zunächst der Alleinunternehmer, der sämtliche Leistungen, die zu erbringen er im Vertrag versprochen hat, selbst durchführt. Meist beschränkt sich der Auftrag auf ein bestimmtes Gewerk.

In diesem Fall schließen Sie als Bauherr mit jedem Handwerker einen Vertrag und haben damit verschiedene Ansprechpartner für jedes Gewerk. Es ist dann an Ihnen beziehungsweise Sache des Architekten, die verschiedenen am Bau beteiligten Firmen zu überwachen und zu koordinieren. Im Fall von Baumängeln müssen Sie denjenigen Unternehmer in Anspruch nehmen, dessen Gewerk fehlerhaft ist.

Generalunter- oder -übernehmer ist alleiniger Vertragspartner des Bauherrn

Wer den Koordinierungsaufwand reduzieren möchte, kann auf einen **Generalunternehmer (GU)** zurückgreifen: Dieser verspricht, alle oder eine Vielzahl der Gewerke zu erbringen, die bei der Errichtung des Hauses anfallen. Allerdings erbringt er nur einen Teil der Arbeiten selbst. Den Rest vergibt er mit Zustimmung des Bauherrn an andere Firmen, die dann als Subunternehmer tätig werden. Der wichtige Unterschied für den Bauherrn liegt darin, dass er lediglich *einen* Vertrag, nämlich den Vertrag mit dem GU abschließt. Dieser Vertrag ist rechtlich ebenfalls als Werkvertrag einzustufen.

Die Subunternehmer werden nicht Vertragspartner des Bauherrn. Sie haben vertragliche Beziehungen lediglich zu ihrem Auftraggeber, dem GU. Damit bleibt für den Bauherrn der GU der alleinige Vertrags- und Ansprechpartner. Bei etwaigen Baumängeln muss der GU auch für die Mängel der von ihm beauftragten Subunternehmer geradestehen. Da der GU einen höheren Leistungsumfang erbringt, steigt auch das Risiko des Bauherrn, im Insolvenzfall Schaden zu erleiden. Aus diesem Grund sollte bei der Auswahl des GU dessen Bonität und Solidität besonders kritisch geprüft werden.

Eine Abwandlung vom GU-Vertrag stellt das Modell des **Generalübernehmers (GÜ)** dar. Auch ein GÜ verspricht, eine Vielzahl von Leistungen oder auch alle Gewerke zu erbringen. Der Unterschied zum GU besteht jedoch darin, dass der GÜ selbst überhaupt keine Bauleistungen erbringt: Er vergibt vielmehr sämtliche Arbeiten an Nachunternehmer und konzentriert sich damit ausschließlich auf deren Steuerung und Überwachung. Auch in diesem Fall schließen Sie als Bauherr lediglich *einen* (Werk-)Vertrag mit dem GÜ.

Weit verbreitet ist die Beauftragung eines GU oder eines GÜ mit der schlüsselfertigen Erstellung des Gebäudes zum Festpreis.

Schlüsselfertiges Gebäude zum Festpreis

Die Vergütung des Bauunternehmers

Im Hinblick auf die Vergütung müssen Sie beim Bauvertrag zwischen dem so genannten Leistungsvertrag und dem Pauschalvertrag unterscheiden.

Wird ein **Leistungsvertrag** geschlossen, sind die tatsächlich erbrachten Leistungen für die Vergütung ausschlaggebend.

Beispiel
Für das Verlegen von Fliesen wird vereinbart, dass pro Quadratmeter ein bestimmter Betrag zu zahlen ist. Was dann letztendlich dem Bauherrn in Rechnung gestellt wird, ergibt sich nach Abschluss der Fliesenarbeiten: Dabei wird in einem gemeinsamen Aufmaß festgestellt, wie viel Quadratmeter tatsächlich gefliest worden sind. Aus der Multiplikation des Quadratmeterpreises mit der tatsächlich gefliesten Fläche ergibt sich die Vergütung des Handwerkers.

Anders verhält es sich beim **Pauschalvertrag.** Dort bietet der Handwerker dem Bauherrn an, gegen Zahlung einer bestimmten Summe die gewünschten Arbeiten zu erledigen.

Beispiel
Der Fliesenleger nennt dem Bauherrn einen Pauschalpreis, zu dem er bereit ist, seine Arbeiten zu erbringen. Ein Aufmaß ist hier nicht erforderlich. Das Risiko, dass die zu fliesende Fläche tatsächlich größer als angenommen ist, übernimmt der Fliesenleger. Sind beide Seiten beispielsweise davon ausgegangen, dass im Bad ca. 40 m² zu fliesen sind, kann der Fliesenleger nicht nachträglich ein höheres Honorar verlangen, wenn sich herausstellt, dass tatsächlich 53 m² gefliest wurden.

Pauschalverträge bieten finanzielle Planungssicherheit

Der Vorteil von Pauschalverträgen liegt für den Bauherrn eindeutig darin, dass er Planungssicherheit in finanzieller Hinsicht erlangt. Allerdings sind Pauschalverträge in der Regel teurer als Leistungsverträge, weil der Unternehmer bei der Pauschalierung das Risiko eines unterschätzten Arbeitsaufwands übernimmt. Dieses wird er bei seiner Preiskalkulation durch einen entsprechenden Aufschlag berücksichtigen.

Wichtig: Die Vorteile eines Pauschalvertrags verlieren Sie als Bauherr immer dann, wenn Sie nach der Beauftragung des Handwerkers Änderungswünsche oder zusätzliche Leistungen verlangen. Denken Sie deshalb daran, in diesen Fällen genau zu regeln, wie derartige Sonderwünsche honoriert werden, und stellen Sie sicher, dass dadurch der Pauschalpreis nicht infrage gestellt wird.

Vertragliche Stellung des Bauherrn

Vielfältige vertragliche Bindungen des Bauherrn

Beim Bauen mit dem Architekten ist die vertragliche Stellung des Bauherrn dadurch gekennzeichnet, dass er eine Vielzahl von einzelnen Verträgen abschließt. Neben Architektenvertrag und dem Vertrag mit dem Bauunternehmer beauftragt er alle anderen am Bau beteiligten Handwerker jeweils separat, es sei denn, er arbeitet mit einem Generalunter- oder -übernehmer (☞ Seite 79).

Dieser Umstand wird von Bauherren immer wieder falsch eingeschätzt. Auch wenn im tagtäglichen Bauablauf der Architekt Ansprechpartner für die Handwerker ist, ändert dies nichts an deren vertraglichen Beziehungen zum Bauherrn. Der Architekt wird hier lediglich im Auftrag des Bauherrn tätig.

Aus diesem Grund sollten Sie die Korrespondenz mit den Handwerkern – nach Absprache mit dem Architekten – aktiv führen. Kontrollieren Sie auch, ob die für die einzelnen Abschlagszahlungen erforderlichen Teilleistungen tatsächlich erbracht worden sind. Auch wenn es verlockend ist, sich in dieser Hinsicht ganz auf den Architekten zu verlassen, sollten Sie dies in Ihrem eigenen Interesse nicht tun. Dies gilt nicht zuletzt im Hinblick darauf, dass für die einzelnen Leistungen in aller Regel nicht unerhebliche Summen fällig werden.

Die Auswahl von Bauunternehmer und Handwerkern

Angebotene Preise nicht als einziges Auswahlkriterium nutzen

Bei der Auswahl des Bauunternehmers und der einzelnen Handwerker sollten Sie nicht nur auf deren Preisangebote achten. Die Erfahrung zeigt immer wieder, dass nicht unbedingt der günstigste Anbieter auch tatsächlich der beste ist. Es ist für Sie wenig hilfreich, bei der Beauftragung ein paar Euro zu sparen, wenn Sie für die spätere Mängelbeseitigung ein Vielfaches davon ausgeben müssen. Auch am Bau gilt, dass Qualität ihren Preis hat.

Informieren Sie sich über die (wirtschaftliche) Leistungsfähigkeit eines Bauunternehmers

Gerade für Bauherren, die mit den örtlichen Verhältnissen nicht bewandert sind, ist es schwierig zu erkennen, welcher Betrieb gute Qualität liefert. Hier ist die Unterstützung und Erfahrung eines Architekten ganz besonders wichtig. Aber bei der Auswahl des Bauunternehmers können Sie auch durch eigene Recherchen wichtige Erkenntnisse erlangen. So hat es sich beispielsweise als hilfreich erwiesen, frühere Bauherren nach ihren Erfahrungen mit einem bestimmten Bauunternehmer zu befragen. Bei örtlichen Banken und Sparkassen können Sie wertvolle Hinweise auf die wirtschaftliche Leistungsfähigkeit eines Bauunternehmers erhalten. Dies ist im Hinblick auf die in der Baubranche nicht seltene Insolvenzgefahr von großer Bedeutung. Hilfreich ist es in jedem Fall, wenn Ihr Architekt bereits in der Vergangenheit Erfahrungen mit einem bestimmten Unternehmer sammeln konnte.

Die wichtigsten Regelungen im Bauvertrag

Für den Abschluss von Bauverträgen existieren eine Reihe von Vertragsmustern, die sich häufig nur in Details unterscheiden. In der Praxis legen Bauunternehmer häufig Bauherren ein Vertragsformular vor, das erfahrungsgemäß im Zweifel die Interessen des Unternehmers begünstigt.

Aus diesem Grund sollten Sie als Bauherr jeden Vertragstext, der Ihnen vom Bauunternehmer vorgeschlagen wird, gründlich prüfen.

Auf Nummer sicher gehen: Bauvertrag prüfen lassen

Wegen der weit reichenden Konsequenzen, die ein Bauvertrag hat, verzichten erfahrene Bauherren nicht auf eine gesonderte Prüfung durch einen Fachmann. Es empfiehlt sich, einen in Bauangelegenheiten erfahrenen Anwalt über den Vertrag schauen zu lassen. Die hierfür entstehenden Kosten sind im Hinblick auf die gesamten Bauaufwendungen und die im Bauvertrag steckenden Risiken in jedem Fall gerechtfertigt.

Die wichtigsten Vertragsinhalte

Welche Punkte üblicherweise in einem Bauvertrag geregelt sind und worauf Sie hierbei achten müssen, zeigen die folgenden Abschnitte.

Gegenstand des Vertrags: genaue Bezeichnung des Bauvorhabens.

> **Beispiel**
> »Ausführung der Ausgrabungs-, Beton- und Maurerarbeiten für das Einfamilienhaus mit Einliegerwohnung (...)«

Vertragsgrundlagen: Hier werden die wichtigsten Bestandteile des Vertrags in der Reihenfolge ihrer Geltung aufgeführt. Zunächst werden dort die Leistungsbeschreibung sowie die dazugehörigen Pläne, Zeichnungen und statischen Berechnungen als Vertragsgrundlage fixiert. Darauf folgt das Angebot des Bauunternehmers. Schließlich wird noch klargestellt, ob es sich um einen BGB- oder einen VOB-Vertrag handelt.

Vertragsart: Unter diesem Punkt wird geregelt, ob es sich um einen Leistungsvertrag oder einen Pauschalvertrag handelt. Beim privaten Hausbau wird nicht selten ein Leistungsvertrag geschlossen. Die Abrechnung erfolgt hier aufgrund der Maßstäbe – zum Beispiel Materialkosten und Stundenlohn –, die im Angebot genannt sind. Als Bauherr sollten Sie auch darauf achten, dass die Preise für Lohn und Material Festpreise sind. Damit haben Sie ein zusätzliches Argument, wenn der Bauunternehmer später Preiserhöhungen durchsetzen möchte und dies mit gestiegenen Lohn- und Materialkosten begründet.

Vergütung zusätzlicher Leistungen

Vergütungsbestimmungen: Hier sollte zunächst geregelt werden, dass der Bauunternehmer vergütungspflichtige zusätzliche Leistungen nur nach vorheriger schriftlicher Ankündigung ausführt. Er sollte für diesen Fall verpflichtet werden, ein Nachangebot vorzulegen. Zur Klarstellung sollte auch geregelt werden, dass Auftragsänderungen oder ein geänderter Leistungsumfang immer die schriftliche Zustimmung des Bauherrn erfordern.

Die Erfahrung zeigt, dass im Lauf der Bauausführung oft Änderungen seitens des Bauherrn gewünscht werden. In Ihrem eigenen Interesse sollten Sie im Vertrag festhalten, dass derartige Leistungen zu den Preisen auszuführen sind, die im Bauvertrag festgelegt sind.

Um Auseinandersetzungen mit Lieferanten zu vermeiden, wird der Bauunternehmer meist verpflichtet, dass die angelieferten Baustoffe vollständig bezahlt und nicht durch Rechte Dritter belastet sind.

Ein häufiger Streitpunkt bei der Abrechnung von Bauverträgen ist die Position »Baustelleneinrichtung«, für die bei kleineren Bauvorhaben wie Einfamilienhäusern keine gesonderte Vergütung in Rechnung gestellt werden sollte. Um Diskussionen darüber zu vermeiden, sollten Sie dies ausdrücklich in den Vertrag aufnehmen.

Maßnahmen zur Verkehrssicherung auf der Baustelle

Ausführung: Hier wird der Bauunternehmer verpflichtet, alle Sicherungsvorkehrungen gegen Sach- und Personenschäden einzuhalten. Das umfasst alle Maßnahmen, die zur Verkehrssicherung erforderlich sind: Abschrankungen, Beleuchtungen, Gerüste, Geländer etc. Diese Regelung ist wichtig, da Sie als Bauherr – neben dem Bauunternehmer – für Schäden in Anspruch genommen werden können.

Ausführungsfrist: Der Bauunternehmer wird verpflichtet, die Vorarbeiten und Lieferungen so früh zu veranlassen, dass er die vereinbarten Ausführungsfristen einhalten kann. Sodann wird festgelegt, in welchem Zeitraum die Leistungen des Bauunternehmers erbracht werden müssen, zum Beispiel 70 Tage nach Unterzeichnung des Bauvertrags beziehungsweise nach Erteilung der Baugenehmigung.

Vertragsstrafe zur Absicherung von Ausführungsfristen

Besonders vorsichtige Bauherren sichern die Einhaltung der Ausführungsfristen durch eine Vertragsstrafe ab. Darauf lässt sich jedoch nicht jeder Bauunternehmer ein. Andererseits sollten Sie sich die häufig schlechten Erfahrungen mit unzuverlässigen Handwerkern als Beispiel dienen lassen. Zweifellos verschafft eine potenzielle Vertragsstrafe dem Bauherrn ein effektives Druckmittel. Meist wird in diesen

Fällen vereinbart, dass für jeden Tag der schuldhaften Terminüberschreitung eine Vertragsstrafe in Höhe eines bestimmten Betrags fällig wird, wobei eine Beschränkung auf 10 % der Auftragssumme aus rechtlichen Gründen erforderlich ist.

Abnahme: In Ihrem eigenen Interesse sollten Sie darauf achten, dass eine förmliche Abnahme vereinbart wird, über die ein Protokoll zu fertigen ist. Problematisch sind erfahrungsgemäß solche Bauteile, die später unzugänglich werden, etwa Leitungsrohre. In derartigen Fällen sollte der Bauunternehmer verpflichtet werden, den Bauherrn rechtzeitig zu einer vorläufigen Abnahme aufzufordern.

Möglichst keine verkürzte Gewährleistungsfrist akzeptieren

Gewährleistung: Die Gewährleistungsregelungen sollten sich möglichst nach den gesetzlichen Bestimmungen richten. Dabei sollten Sie vor allem darauf achten, dass die fünfjährige Gewährleistungsfrist beim Werkvertrag nicht verkürzt wird. Auch wenn Sie einen VOB-Vertrag abschließen, kann die kurze Verjährungsfrist von zwei Jahren nach der VOB/B ohne weiteres verlängert werden. Es besteht also durchaus die Möglichkeit, im Vertrag eine längere Frist festzuschreiben. In Ihrem eigenen Interesse sollten Sie hierfür Sorge tragen.

Stundenlohnarbeiten: Für die häufig besonders kostenträchtigen Stundenlohnarbeiten sollte immer ein schriftlicher Auftrag als Voraussetzung festgeschrieben werden. Dabei sollte der Bauunternehmer dem Architekten täglich Nachweiszettel vorlegen, aus denen die Arbeiten und der hierfür angefallene Zeitaufwand entnommen werden können.

Aufmaß: Bei Abschluss eines Leistungsvertrags werden die Einzelheiten des Aufmaßes im Vertrag geregelt. Dabei sollten Sie darauf achten, dass verdeckte Teile rechtzeitig aufgemessen werden.

Zahlungen: Entsprechend der gesetzlichen Regelung wird in den allermeisten Bauverträgen vereinbart, dass der Bauherr Abschlagszahlungen zu erbringen hat. Für Sie als Bauherr ist ganz besonders wichtig, dass Abschlagszahlungen entsprechend dem Baufortschritt erbracht werden. Dabei kommt es darauf an, dass die Abschlagszahlungen den tatsächlich erbrachten Leistungen auch wertmäßig entsprechen.

Abschlagszahlungen nur für tatsächlich erbrachte Leistungen

Gefährlich wird es für Sie als Bauherr immer dann, wenn Sie Abschläge leisten, die über die tatsächlich erbrachten Leistungen hinausgehen. Im Insolvenzfall eines Bauunternehmers riskieren Sie unter Umständen Totalverluste in Höhe dieser »Überzahlungen«. Lassen Sie sich also vom Architekten bestätigen, dass die der Abschlagszahlung zugrunde gelegten Arbeiten tatsächlich vollständig erbracht sind.

Bei den Zahlungsregelungen sollten Sie auch darauf achten, dass Sie einen Sicherheitseinbehalt vom jeweiligen Rechnungsbetrag vornehmen dürfen. Üblich ist eine Größenordnung von fünf Prozent. Ein solcher Einbehalt dient als Sicherung von eventuellen Ansprüchen aus dem Bauvertrag. Von Bedeutung sind hier in erster Linie Gewährleistungsansprüche, die bei der späteren Durchsetzung zumindest in Höhe des Einbehalts gesichert sind. Vor allem wenn ein Bauunternehmer während der Gewährleistungsfrist insolvent wird, zeigt sich, wie wichtig ein solcher Einbehalt ist.

Sicherheitseinbehalt stützt eventuelle Gewährleistungsansprüche

Der einbehaltene Betrag wird nach Ablauf der Gewährleistungsfrist und entsprechender Aufforderung durch den Bauunternehmer ausbezahlt.

Subunternehmer: Üblicherweise hat sich der Bauherr nach sorgfältiger Auswahl für einen Bauunternehmer entschieden. Um zu vermeiden, dass der Bauunternehmer Teile des Auftrags an Dritte untervergibt, sollten Sie im Vertrag ein entsprechendes Verbot aufnehmen. Die Wirksamkeit einer Weitervergabe von Bauleistungen sollte stets an die schriftliche Zustimmung des Bauherrn gebunden sein.

Die Abnahme

Dreh- und Angelpunkt des Bauvertrags

Erfahrungsgemäß unterschätzen viele Bauherren die weit reichende Bedeutung der Abnahme. Durch die Abnahme erklärt der Bauherr gegenüber dem Bauunternehmer, dass er die Leistungen in dieser Form als vertragsgemäß anerkennt. Nach erfolgter Abnahme verschlechtert sich die rechtliche Situation des Bauherrn in verschiedener Hinsicht. Aus diesem Grund wird die Abnahme auch als der Dreh- und Angelpunkt des Bauvertrags bezeichnet.

Unter welchen Bedingungen ist der Bauherr zur Abnahme verpflichtet?

Der Bauherr ist nach dem Bauvertrag zur Abnahme verpflichtet, und zwar unter der Voraussetzung, dass die vereinbarten Bauleistungen ordnungsgemäß erbracht worden sind. Liegen lediglich geringfügige Mängel vor, kann die Abnahme nicht verweigert werden. Anders verhält es sich hingegen bei wesentlichen Mängeln. In diesem Fall können Sie die Abnahme verweigern; die mit ihr verbundenen Wirkungen treten dann nicht ein.

Wichtig: Da es sich bei der Abnahme um eine Hauptpflicht des Bauherrn handelt, können Sie, falls Sie diese unberechtigt verweigern, auf Abnahme beziehungsweise Zahlung der Vergütung verklagt werden.

Die zentrale Bedeutung der Abnahme zeigt sich an ihren rechtlichen Wirkungen:

- Mit erfolgter Abnahme wird die restliche **Vergütung** fällig. Wenn Abschlagszahlungen geleistet wurden, wird mit der Abnahme die Schlussrechnung fällig.

- Mit der Abnahme verliert der Bauherr seinen ursprünglichen **Erfüllungsanspruch** aus dem Bauvertrag. Stattdessen stehen ihm nur noch Nachbesserungs- und Gewährleistungsansprüche zu. Da eine Reihe von Voraussetzungen erfüllt sein muss, um diese geltend zu machen, tritt bereits dadurch eine wesentliche Verschlechterung der Rechtsposition des Bauherrn ein.
- Die **Verjährung der Gewährleistungsansprüche** beginnt mit der Abnahme zu laufen. Anders als häufig behauptet, kommt es hierbei keinesfalls darauf an, ob die Mängel zum Zeitpunkt der Abnahme bereits erkennbar waren oder nicht.
- Mit der Abnahme findet auch der **Gefahrenübergang** statt. Bis zu diesem Zeitpunkt trägt der Bauunternehmer oder Architekt die Gefahr des so genannten zufälligen Untergangs oder der Verschlechterung des Bauwerks. Nach erfolgter Abnahme geht dieses Risiko auf den Bauherrn über.

Beispiel
Kommt es vor der Abnahme zu einer Beschädigung des Bauwerks durch ein Unwetter, so hat der Bauunternehmer die Wiederherstellung der beschädigten Bauteile auf eigene Kosten zu erbringen. Nach der Abnahme hat der Bauherr dieses Risiko zu tragen.

Beweis für mangelhafte Leistung nicht immer einfach zu führen

- Eine in der Praxis sehr bedeutsame Folge der Abnahme besteht in der **Umkehr der Beweislast.** Vor der Abnahme hat der Bauunternehmer zu beweisen, dass er die Leistung vertragsgemäß ausgeführt hat. Die Beweislast für eine ordnungsgemäße Leistung liegt also beim Unternehmer. Nach erfolgter Abnahme trägt hingegen der Bauherr die Beweislast dafür, dass eine Bauleistung nicht vertragsgemäß erbracht wurde. Dieser Beweis ist in der Praxis nicht immer einfach zu führen. Wenn in einem Bauprozess der Beweis für eine mangelhafte Leistung nicht erbracht werden kann, wird aufgrund von Beweislastregeln entschieden. Gelingt also dem Bauherrn der Beweis eines Baumangels nicht, verliert er bereits aufgrund dieser Regelung seine Klage.

- Ist dem Bauherrn bei der Abnahme bekannt, dass das Bauwerk einen **Mangel** aufweist und erklärt er dennoch die Abnahme, dann gilt: Wenn sich der Bauherr im Hinblick auf die ihm bekannten Mängel nicht seine Rechte vorbehält, verliert er seine Gewährleistungsansprüche.
- Auch für eine etwa im Vertrag vereinbarte **Vertragsstrafe** spielt die Abnahme eine bedeutende Rolle. Erklärt der Bauherr bei der Abnahme nicht, dass er sich seine Rechte aus der Vertragsstrafe vorbehalte, verliert er diese – auch wenn eine solche Vertragsstrafe zum Beispiel bereits verwirkt ist, weil eine vereinbarte Frist nicht eingehalten wurde.

Abnahmetermin sorgfältig vorbereiten

Die mit der Abnahme verbundenen Kosten hat der Bauherr zu tragen. Zur Vorbereitung der Abnahme empfiehlt es sich, das Bauwerk bereits vor dem vereinbarten Termin noch einmal gründlich in Augenschein zu nehmen. Dabei sollten Sie vergleichen, ob alle Leistungen, wie im Vertrag vereinbart, erbracht wurden. Damit stellen Sie sicher, dass in der Aufregung des Abnahmetermins keine Punkte übersehen werden. Zum Termin selbst sollten Sie unbedingt in Begleitung Ihres Architekten erscheinen. Nur er kann Sie kompetent darüber beraten, ob das Bauwerk mangelfrei erstellt wurde.

Bei der förmlichen Abnahme werden alle Mängel in einem Protokoll festgehalten

Die Abnahme selbst kann in unterschiedlichen Formen erfolgen. In Ihrem eigenen Interesse sollten Sie jedoch im Bauvertrag eine förmliche Abnahme vorsehen. Das bedeutet, dass eine gemeinsame Begehung des Bauwerks durch Bauunternehmer und Bauherr stattfindet. Dabei werden alle festgestellten oder vom Bauherrn gerügten Mängel in einem Protokoll festgehalten, das anschließend von beiden Seiten unterschrieben wird.

Im **Abnahmeprotokoll** sollten folgende Punkte festgehalten werden:

- **Datum** und **Uhrzeit** des Abnahmetermins;
- **Name** und **Vorname** aller anwesenden Personen unter Angabe ihrer Funktion;
- detaillierte **Bezeichnung der Mängel,** die bei der Abnahme entdeckt wurden;
- ausdrückliche **Erklärung, ob** die **Abnahme** vom Bauherrn **erklärt oder verweigert** wird – möglich ist auch eine Abnahme unter Vorbehalt der im Protokoll festgehaltenen Mängel;
- eventuell: **Erklärung** des Bauherrn, dass er sich seine **Rechte aus der Vertragsstrafe** vorbehält;
- **Unterschrift** aller Beteiligten.

Achten Sie darauf, dass die Abnahme während des Tages stattfindet, damit genügend Helligkeit herrscht.

Gewährleistungsansprüche

Wurden die Arbeiten nicht wie im Vertrag vereinbart erbracht, stehen dem Bauherrn Gewährleistungsrechte zu. Bei deren Durchsetzung ist es allerdings ratsam, anwaltliche Hilfe in Anspruch zu nehmen.

Die verschiedenen Ansprüche

Verpflichtung des Unternehmers, die Mängel zu beseitigen

Zeigt sich, dass der Bauunternehmer mangelhaft gearbeitet hat, steht dem Bauherrn zunächst ein Anspruch auf Nacherfüllung zu. Wie diese **Nacherfüllung** konkret aussieht, ist jedoch Sache des Bauunternehmers. Er kann zwischen der **Nachbesserung** und der **Neuherstellung** wählen. Bei Baumängeln wird er sich in aller Regel für die Nachbesserung entscheiden. Die hierbei anfallenden Kosten für Lohn, Material und Transport sind vom Bauunternehmer selbst zu tragen.

Kommt der Bauunternehmer seiner Verpflichtung zur Nacherfüllung nicht nach, ist für den Bauherrn der Weg eröffnet, weiter gehende Ansprüche geltend zu machen. Allerdings muss er vorher dem Bauunternehmer eine Frist setzen. Dies geschieht am besten durch ein Schreiben, in welchem dem Bauunternehmer eine angemessene Frist zur Nacherfüllung gesetzt wird (Musterbrief ☞ Seite 97).

Ist diese Frist ergebnislos abgelaufen, kann der Bauherr zwischen folgenden Ansprüchen wählen:

- **Selbstvornahme mit Aufwendungsersatz:** Der Bauherr kann einen anderen Bauunternehmer mit der Beseitigung der Mängel beauftragen. Die hierbei anfallenden Kosten kann er dann im Wege des Aufwendungsersatzes von seinem ursprünglichen Bauunternehmer ersetzt verlangen. Damit der Bauherr nicht in Vorleistung treten muss, kann er sogar einen Vorschuss für die voraussichtlich entstehenden Kosten verlangen.
- **Rücktritt vom Vertrag:** Alternativ kann sich der Bauherr – außer bei unerheblichen Mängeln – zum Rücktritt vom Vertrag entscheiden. Weil eine Rückabwicklung des gesamten Vertrags die Folge wäre, spielt dieser Anspruch in der Baupraxis jedoch keine Rolle.
- **Minderung:** Wenn sich der Bauherr für den Minderungsanspruch entscheidet, kann er vom Bauunternehmer die Zahlung desjenigen Betrags verlangen, der dem durch den Mangel verursachten Minderwert des Bauwerks entspricht.

Für diese Gewährleistungsansprüche muss kein Verschulden nachgewiesen werden

Diese drei Ansprüche setzen kein Verschulden des Bauunternehmers voraus. Um sie geltend zu machen, reicht es aus, wenn der Bauherr den Nachweis eines Baumangels führen kann. Es kommt also nicht darauf an, wie und weshalb ein bestimmter Fehler aufgetreten ist; es genügt allein der Nachweis dieses Fehlers.

Anspruch auf Schadenersatz: Dieser Anspruch ist deshalb von so großer Bedeutung, weil er inhaltlich weiter reicht als die anderen Gewährleistungsansprüche, die sich wirtschaftlich immer im Bereich des eigentlichen Mangels bewegen.

Beispiel
Wegen der fehlerhaften Installation eines Heizkörpers in der Einliegerwohnung kann diese nur unzureichend beheizt werden. Daraufhin macht der Mieter gegenüber dem Vermieter Mietminderungsansprüche geltend. Entscheidet sich der Bauherr in dieser Situation für Schadenersatzansprüche, kann er vom Unternehmer nicht nur die Beseitigung des Mangels – also die Installation eines ordnungsgemäßen Heizkörpers –, sondern auch den daraus resultierenden Schaden durch die Mietminderung ersetzt verlangen.

Schadenersatzansprüche setzen Verschulden des Unternehmers voraus

Allerdings unterscheidet sich der Schadenersatzanspruch auch in seinen Anforderungen von den anderen Gewährleistungsansprüchen: Um Schadenersatz geltend zu machen, muss der Bauherr ein Verschulden des Unternehmers nachweisen können. Im genannten Fall muss ihm beispielsweise der Nachweis gelingen, dass der Unternehmer entgegen einer Anordnung des Architekten den zu niedrig dimensionierten Heizkörper installiert hat. Es reicht also nicht aus, lediglich den Nachweis zu führen, dass eine ordnungsgemäße Beheizung der Einliegerwohnung nicht möglich ist.

Verjährung

Notieren Sie sich den Ablauf der Verjährungsfrist im Kalender

Die Gewährleistungsansprüche aus einem **BGB-Vertrag** (☞ Seite 75) verjähren in fünf Jahren, beginnend mit der Abnahme. Aus diesem Grund ist jeder Bauherr gut beraten, sich den Ablauf der Gewährleistungsfrist im Kalender zu markieren. Auch wenn bis dahin keine Mängel erkennbar geworden sind, sollte kurz vor Ablauf der Verjährungsfrist eine Begehung des Bauwerks erfolgen. Auch hier sollten Sie keinesfalls auf die Unterstützung des Architekten verzichten. Dieser ist aufgrund seiner Ausbildung in der Lage, Anzeichen von Bauschäden sehr viel früher zu erkennen, als dies ein Laie vermag.

Beim **VOB-Vertrag** (☞ Seite 75) verjähren die Gewährleistungsansprüche bereits zwei Jahre nach der Abnahme. Die Wandlung, also die Rückabwicklung des Vertrags, ist in der VOB als Gewährleistungsanspruch überhaupt nicht vorgesehen. Die VOB kennt nur die Mängelbeseitigung, die Minderung und den Schadenersatz als Gewährleistungsansprüche. Dabei kann die Minderung nur dann verlangt werden, wenn die Beseitigung eines Mangels im konkreten Einzelfall unmöglich oder mit einem unverhältnismäßig hohen Aufwand verbunden ist.

Kurze Verjährungsfrist im VOB-Vertrag

2

Musterbrief: Fristsetzung durch den Bauherrn

Manfred Müller
Hauptstraße 17
76849 Vorstadt

14.Januar 2002

per Einschreiben/Rückantwortschein

An die
Bautech GmbH
Zementstraße 14
68945 Hauptstadt

Bauvorhaben Hauptstraße 17, 76849 Vorstadt

Sehr geehrte Damen und Herren,

ich nehme Bezug auf mein Schreiben vom 15. November 2001 und die zwischenzeitlich geführten Telefongespräche. Wie ich leider feststellen muss, sind Sie nicht nur untätig geblieben, sondern offensichtlich auch nicht willig, den vertragsgemäßen Zustand herzustellen. Ich fordere Sie deshalb hiermit auf, die Ihnen bekannten Mängel im Bereich der Eingangstür der Einliegerwohnung zu beseitigen. Wegen der diesbezüglichen Einzelheiten verweise ich auf das an Sie gerichtete Schreiben des Architekten Mayer vom (…), das diesem Schreiben nochmals in Kopie beigelegt wird. Für die Erledigung dieser Maßnahme setze ich Ihnen eine Frist bis zum **15. Februar 2002.**

Mit freundlichen Grüßen

Unterschrift

Anlage: Schreiben des Architekten Mayer vom (…)

Versicherungen für den Bauherrn

Versicherungsfragen möglichst frühzeitig klären

Für die mit dem Bauen zusammenhängenden Risiken gibt es eine Reihe von Versicherungen. Um dieses Thema sollten Sie sich als Bauherr möglichst frühzeitig kümmern. Am besten ist es, wenn Sie die Versicherungsfragen und -formalitäten bereits erledigt haben, bevor Sie mit den Problemen des Baualltags konfrontiert werden, weil Sie dann wahrscheinlich nicht mehr ausreichend Zeit für solche Fragen haben.

Außer Betracht bleiben sollen im Folgenden diejenigen Versicherungen, die im Zusammenhang mit der Baufinanzierung (zum Beispiel Lebensversicherungen) oder für das bereits fertig gestellte Gebäude (Gebäudeversicherungen) angeboten werden.

Für Bauherren von besonderem Interesse sind vor allem die drei folgenden Versicherungen:

- Bauwesenversicherung
- Bauherrenhaftpflichtversicherung
- Bauhelferversicherung

Die Bauwesenversicherung

Bauwesenversicherung sichert Risiko des zufälligen Untergangs ab

Bei der Bauwesenversicherung handelt es sich um eine Sachversicherung, die den Bauherrn vor unvorhergesehen eintretenden Schäden am Bauwerk schützt. Im Zusammenhang mit der Abnahme wurde bereits darauf hingewiesen, dass der Bauherr nach erfolgter Abnahme das Risiko des »zufälligen Untergangs« trägt (☞ Seite 91). Wenn also nach diesem Zeitpunkt beispielsweise ein Sturm Teile des Gebäudes beschädigt, so liegt dieses Risiko beim Bauherrn. Entsprechendes gilt auch, wenn bereits installierte Teile demontiert und vom Bau gestohlen werden – in der Praxis gerade bei Sanitär-, Elektro- und Heizungsinstallationen häufiger als erwartet. Auch wenn Bauteile durch Unbekannte mutwillig beschädigt werden, geht dies zu Lasten des Bauherrn.

In all diesen Fällen stehen Ihnen als Bauherr keine oder nicht durchsetzbare Ansprüche zu. Daraus ergibt sich die Notwendigkeit, sich für den Zeitraum nach der Abnahme entsprechend abzusichern. Dabei sollten Sie auf diesen Versicherungsschutz nicht deshalb verzichten, weil Sie unmittelbar nach der Abnahme das Gebäude beziehen möchten.

Bei Teilabnahme einzelner Gewerke liegt Untergangsrisiko frühzeitig beim Bauherrn

Wichtig in diesem Zusammenhang: Oft wird nicht das gesamte Bauwerk erst zum Schluss abgenommen. Häufig erfolgt eine schrittweise Abnahme einzelner Gewerke. So werden beispielsweise Rohbau-, Installations-, Glaser- und Malerarbeiten gesondert abgenommen. Dies hat zur Folge, dass insoweit auch das Untergangsrisiko auf den

Bauherrn übergeht. Damit kann für wichtige Gewerke der Risikoübergang bereits zu einem Zeitpunkt stattfinden, der noch weit vor dem Einzug beziehungsweise der Schlussabnahme liegt.

Als Bauherr sind Sie daher gut beraten, wenn Sie die Bauwesenversicherung spätestens mit Beginn der Bauarbeiten abschließen.

Versicherungsbedingungen vor Vertragsabschluss sorgfältig auf etwaige Ausschlüsse prüfen

Wie bei jeder anderen Versicherung gelten auch bei der Bauwesenversicherung eine Reihe von Ausschlüssen, die Sie kennen sollten. Lesen Sie sich deshalb die Versicherungsbedingungen in aller Ruhe sorgfältig durch. So sind in vielen Verträgen beispielsweise Schäden durch normale – orts- und jahreszeitübliche – Witterungseinflüsse ausgeschlossen. Auch Schäden, die aus Baustoffen resultieren, die durch eine zuständige Prüfbehörde beanstandet wurden, sind nicht versichert. Auch solche Schäden, die auf mangelhafte Handwerkerleistungen zurückzuführen sind, sind nicht abgedeckt.

Wichtig: Um den Versicherungsschutz zu erhalten, haben Sie als Versicherungsnehmer eine Reihe von Anzeigepflichten. So muss beispielsweise die nachträgliche Erweiterung des Bauvorhabens oder eine wesentliche Änderung der Bauweise dem Versicherer gemeldet werden. Das gilt auch für eine wesentliche Änderung des Zeitplans oder des Bauvertrags. Werden die Bauarbeiten für längere Zeit unterbrochen, ist dies ebenfalls mitzuteilen. Verstoßen Sie gegen diese Anzeigepflichten, wird der Versicherer regelmäßig von seiner Leistungspflicht frei.

Die Bauherrenhaftpflichtversicherung

Keinesfalls verzichten sollten Sie auf den Abschluss einer Bauherrenhaftpflichtversicherung. Denn bereits mit dem Erwerb des Baugrundstücks sind Sie dafür verantwortlich, dass auf dem Grundstück niemand zu Schaden kommt – Ihnen kommt die allgemeine Verkehrssicherungspflicht zu. Gedeckt ist durch diese Versicherung die gesetzliche Haftung des Bauherrn als Eigentümer des Grundstücks für (fremde) Personen und Sachschäden.

Beispiele
Zu solchen Schadensfällen kann es schneller kommen als landläufig angenommen. So entdecken häufig spielende Kinder die Baustelle als Abenteuerspielplatz und kommen beim Spielen zu Schaden. Entgegen einer weit verbreiteten Meinung ist es hier mit dem berühmten Schild »Betreten der Baustelle verboten! Eltern haften für ihre Kinder« nicht getan. Typisch ist auch folgender Fall: Ein Mietinteressent stürzt bei der Besichtigung des Rohbaus von einer nicht ordnungsgemäß gesicherten Treppe.

Derartige Fälle können mit erheblichen Schadenersatzbelastungen für den Bauherrn enden. Dabei nützt es Ihnen im Ernstfall wenig, wenn Sie den Geschädigten darauf verweisen, dass Sie einen Architekten und sachkundige Handwerker beauftragt haben. Der Geschädigte besitzt nämlich ein Wahlrecht und wird sich im Zweifel immer an den Bauherrn als »ersten Ansprechpartner« halten.

Ausschlüsse in der Bauherrenhaftpflichtversicherung

Auch bei der Bauherrenhaftpflichtversicherung gibt es wichtige Ausschlüsse. So sind beispielsweise Schäden am eigenen Bauwerk oder Schäden an geliehenen Gegenständen, zum Beispiel Baumaschinen, nicht gedeckt. Wichtig zu wissen ist auch, dass Versicherungsschutz nur dann besteht, wenn der Bauherr die Planung, Bauleitung und Bauausführung an Fachleute vergeben hat.

Versicherungsumfang einer bestehenden Privathaftpflichtpolice prüfen

Bevor Sie eine Bauherrenhaftpflichtversicherung abschließen, sollten Sie zunächst prüfen, inwieweit (teilweiser) Schutz bereits durch Ihre Privathaftpflichtversicherung besteht. Im Leistungspaket vieler Privathaftpflichtversicherer ist nämlich eine begrenzte Bauhaftpflichtversicherung bereits enthalten – die so genannte kleine Bauherrenhaftpflicht. Der auf diese Weise bereits abgesicherte Teil der Haftung kann dann bei einer neu abzuschließenden Versicherung berücksichtigt werden. Zeitlich erstreckt sich der Versicherungsschutz vom Kauf des Baugrundstücks bis zur Abnahme des Bauwerks.

Die Bauhelferversicherung

Absicherung mithelfender Verwandter und Freunde

Wenn Sie durch Eigenleistungen Kosten sparen möchten, sollten Sie unbedingt an den Abschluss einer Bauhelferversicherung denken. Neben dem Bauherrn und dessen Familienmitgliedern werden nicht selten noch Verwandte und Freunde auf der Baustelle tätig. Zur Absicherung dieser Helfer bei Unfällen auf der Baustelle gibt es die Möglichkeit, gesetzlichen Versicherungsschutz zu erlangen. Da hier teilweise Laien am Werk sind und dies mit entsprechenden Risiken einhergeht, sollten Sie auf diesen Schutz keinesfalls verzichten. Zuständig für die Bauhelferversicherung sind die Gemeindeunfallversicherungsverbände und die Bau-Berufsgenossenschaften.

Wichtig: Um Versicherungsschutz zu erlangen, kommt es hier nicht darauf an, ob diese Bauhelfer bezahlt werden oder nicht. Der Versicherungsschutz ist allein daran geknüpft, dass der Bauherr bestimmten Melde- und Anzeigepflichten nachkommt, die in den Versicherungsunterlagen genannt sind.

Achtung: Der Bauherr selbst und sein Ehegatte genießen keinen Versicherungsschutz unter der Bauhelferversicherung. Hier besteht aber die Möglichkeit, einen (schriftlichen) Antrag auf Unfallversicherungsschutz bei der jeweiligen Versicherung zu stellen. Sie erlangen dann einen den Bauhelfern vergleichbaren Versicherungsumfang.

3

Erwerb vom Bauträger

So arbeitet ein Bauträger

Wer sich nicht zum »klassischen« Bauen mit einem Architekten entschließen kann und andererseits auch kein Fertighaus erwerben möchte, entscheidet sich häufig für den Erwerb vom Bauträger. Unter dem Stichwort »schlüsselfertiges Bauen zum Festpreis« bietet eine Vielzahl von Bauträgerunternehmen ihre Dienste an, für den Erwerber eine offensichtlich komfortable Alternative. Dieser erwirbt sein Haus »schlüsselfertig« und muss sich – jedenfalls theoretisch – nicht um den Bauablauf und die damit zusammenhängenden Fragen kümmern. Sehr wichtig ist für viele Bauherren auch der Erwerb zum Festpreis. Bereits zu Beginn der Zusammenarbeit mit dem Bauträger ist bekannt, wie hoch die auf den Erwerber zukommende Belastung genau sein wird. Wer die beim »klassischen« Bauen immer wieder vorkommenden Überschreitungen der Bausummen fürchtet und insoweit keine Risiken eingehen möchte, wird die Annehmlichkeiten eines Festpreises zu schätzen wissen.

Schlüsselfertiges Bauen zum Festpreis

Allerdings sind die Begriffe »schlüsselfertiges Bauen« und »Festpreis« in keiner Weise gesetzlich normiert. Nicht jeder Festpreis ist daher auch tatsächlich »fest«. Genausowenig ist der Begriff »schlüsselfertig« allgemein gültig definiert. Entscheidend sind hier allein die genauen Regelungen im Bauträgervertrag (☞ Seite 118). Aus diesem Grund kommt einer sehr sorgfältigen Prüfung dieses Vertrags eine nicht zu unterschätzende Bedeutung zu. Hier können bereits kleinste Ungenauigkeiten bei der Formulierung einer Klausel dazu führen, dass der Erwerber mit zusätzlichen Kosten in erheblicher Höhe belastet wird.

»Schlüsselfertig« – »Festpreis«: Regelungen im Bauvertrag sind entscheidend

Rechtlich betrachtet, besteht die Leistung eines Bauträgers in Folgendem: Er verspricht dem Erwerber, ein Grundstück zu beschaffen und dieses zum Festpreis zu bebauen. Der wesentliche Unterschied zum Bauen mit einem Architekten und Bauunternehmer besteht also darin, dass hier der Erwerber nicht bereits Eigentümer des Grundstücks ist. Darin liegen auch die größten Gefahren für den Erwerber: Zahlungen, die er an den Bauträger leistet, kommen – anders als beim »klassischen« Bauen – nicht seinem Grundstück zugute. Dies kann vor allem im Fall der Insolvenz des Bauträgers gefährlich werden.

Leistungen eines Bauträgers

Wegen der Verpflichtung, ein Grundstück zu übertragen, bedarf der gesamte Bauträgervertrag der notariellen Beurkundung. Dies gilt auch dann, wenn der Bauträgervertrag anders bezeichnet wird, wobei sich in der Praxis so fantasievolle Bezeichnungen wie Träger-Bauvertrag, Träger-Bewerbervertrag, Treuhandbauvertrag etc. finden. Aus juristischer Sicht kommt es allein darauf an, welche Leistungen in dem Vertrag versprochen werden.

Notarielle Beurkundung des Bauträgervertrags notwendig

Wichtig ist dies besonders dann, wenn der Vertrag als Kaufvertrag bezeichnet wird. Wie bereits dargestellt,

Bauträgervertrag ist grundsätzlich als Werkvertrag einzustufen

wird dem Erwerber sowohl das Grundstück als auch das Bauwerk übertragen. In der Vergangenheit haben viele Bauträger deshalb versucht, ihre Verträge als Kaufverträge zu gestalten – und zwar mit folgendem Hintergrund: Die Gewährleistungsansprüche bei Kaufverträgen über Grundstücke verjähren nach einem Jahr. Beim Werkvertrag beträgt die Gewährleistungsfrist hingegen fünf Jahre. Diese Praktiken haben die Gerichte jedoch bereits seit längerem unterbunden. Seit einer grundlegenden Entscheidung des Bundesgerichtshofs (BGH) ist klar, dass der Bauträgervertrag als Werkvertrag gemäß §§ 631 ff. Bürgerliches Gesetzbuch (BGB) einzustufen ist. Wichtig ist dies für den Erwerber nicht nur im Hinblick auf die Verjährungsfristen, sondern auch für seine Rechte beim Auftreten von Baumängeln (☞ Seite 75).

Vorratsbau und Bestellbau

Grundsätzlich lassen sich bei Bauträgern zwei verschiedene Arbeitsweisen unterscheiden: Beim so genannten **Vorratsbau** erwirbt der Bauträger ein Grundstück und errichtet darauf ein Gebäude in der Hoffnung, hierfür anschließend einen Erwerber zu finden.

Anders hingegen beim **Bestellbau.** Hier ist der Bauträger möglicherweise noch gar nicht Eigentümer des Grundstücks. Er hat sich den Zugriff darauf lediglich durch ein Vorkaufsrecht gesichert. Erst wenn er mit einem Interessenten einen Bauträgervertrag abgeschlossen hat, erwirbt er das Grundstück. In der Praxis überwiegt der Bestellbau deutlich, da die wenigsten Bauträger die Risiken des Vorratsbaus übernehmen möchten.

Bauherrenrisiko

Bauträger ist alleiniger Vertragspartner

Aus der Arbeitsweise des Bauträgers ergibt sich für den Erwerber die folgende wichtige Konsequenz: Der Bauträger vergibt die Handwerkeraufträge in eigenem Namen und auf eigene Rechnung. Er allein ist für die Koordination der am Bau Tätigen verantwortlich. Genauso ist die Planung des Bauvorhabens Sache des Bauträgers. Wenn er nicht selbst Architekten oder Ingenieure angestellt hat, wird er sich deren Dienstleistungen ebenfalls durch separate Beauftragungen einkaufen. Für den Erwerber ist somit der Bauträger der einzige Vertragspartner. Er muss sich weder um den Architekten noch um Handwerker oder Bauunternehmer kümmern. »Bauherr« im rechtlichen Sinn ist also der Bauträger. Entsprechend trägt er auch das so genannte Bauherrenrisiko.

Beispiel
Nach Abschluss des Bauträgervertrags wird die Baugrube ausgehoben. Dabei stellt der Bauträger fest, dass die Bodenverhältnisse schwieriger sind als ursprünglich angenommen. Für die erschwerten Aushubarbeiten und die aufwändigere Gründung des Gebäudes fallen Zusatzkosten in Höhe von 25.000 € an. Beim »klassischen« Bauen würde dieses Risiko der Bauherr tragen. Beim Erwerb vom Bauträger hingegen sind diese Mehrkosten Sache des Bauträgers.

Eventuell anfallende Mehrkosten sind vom Bauträger zu tragen

Da der Bauträger die schlüsselfertige Lieferung zum Festpreis versprochen hat, kann er eventuell anfallende Mehrkosten nicht an den Erwerber weitergeben. Hierin liegt ein wesentlicher Vorteil beim Bauträgererwerb gegenüber dem Bauen mit dem Architekten.

Ein Unterfall des Bauherrenrisikos ist das so genannte Genehmigungsrisiko: Ein »klassischer« Bauherr muss immer damit rechnen, dass seine Kosten durch unerwartete Auflagen der Baubehörden in die Höhe getrieben werden. Beim Erwerb vom Bauträger hingegen sind auch derartige Kostenerhöhungen vom Bauträger zu tragen.

Die Makler- und Bauträgerverordnung

Zum Schutz des Erwerbers wurde im Jahr 1985 die Makler- und Bauträgerverordnung (MaBV) erlassen. Ziel dieser Verordnung ist, den Erwerber vor dem Verlust seiner dem Bauträger anvertrauten Gelder zu schützen. Hintergrund dieser Regelung waren zum Teil spektakuläre Insolvenzen von Bauträgerunternehmen, bei denen viele Erwerber wesentliche Teile ihres Vermögens verloren haben.

Gesetzliche Voraussetzungen für Zahlungen an Bauträger

In der MaBV ist beispielsweise geregelt, unter welchen Voraussetzungen der Bauträger Vermögenswerte des Käufers entgegennehmen darf. Nach § 3 MaBV ist dies nur zulässig, wenn ...

- der Bauträgervertrag wirksam abgeschlossen ist, die für seinen Vollzug erforderlichen Genehmigungen vorliegen und diese Voraussetzungen durch eine schriftliche Mitteilung des Notars bestätigt werden. Außerdem muss sichergestellt sein, dass dem Bauträger keine vertraglichen Rücktrittsrechte eingeräumt sind;
- eine Vormerkung im Grundbuch eingetragen ist, um den Anspruch des Erwerbers, Eigentum übertragen zu bekommen, abzusichern;

- das Grundstück von allen Grundpfandrechten, die der Vormerkung im Rang vorgehen oder gleichstehen, freigestellt ist;
- eine Baugenehmigung erteilt wurde oder von der Baubehörde bestätigt wird, dass eine Baugenehmigung als erteilt gilt oder nach den baurechtlichen Vorschriften mit dem Bauvorhaben begonnen werden darf.

Bauträgervertrag sorgfältig prüfen (lassen)

Für Sie als Erwerber ist jedoch die folgende Einschränkung wichtig: Die Vorschriften der MaBV nicht einzuhalten, stellt eine Ordnungswidrigkeit dar. Danach kann der Bauträger mit einem Bußgeld belegt werden. Ein Verstoß gegen die MaBV zieht jedoch normalerweise nicht nach sich, dass einzelne Klauseln im Bauträgervertrag unwirksam sind. Auch aus diesem Grund ist eine sehr gründliche Überprüfung des Bauträgervertrags dringend zu empfehlen.

Zahlungsraten nach Baufortschritt

Zum weiteren Schutz des Erwerbers schreibt die MaBV vor, dass Ratenzahlungen des Kaufpreises nur entsprechend dem Baufortschritt verlangt werden dürfen. Nach § 3 Absatz 3 MaBV ergeben sich folgende Zahlungsraten:

30 %: nach Beginn der Erdarbeiten;
70 %: nach Baufortschritt, und zwar in folgenden Prozentsätzen:

- 40 % nach Rohbaufertigstellung, einschließlich Zimmererarbeiten;
- 8 % für die Herstellung der Dachflächen und Dachrinnen;
- 3 % für die Rohinstallation der Heizungsanlagen;
- 3 % für die Rohinstallation der Sanitäranlagen;
- 3 % für die Rohinstallation der Elektroanlagen;
- 10 % für den Fenstereinbau, einschließlich der Verglasung;

- 6 % für den Innenputz, ausgenommen Beiputzarbeiten;
- 3 % für den Estrich;
- 4 % für die Fliesenarbeiten im Sanitärbereich;
- 12 % nach Bezugsfertigkeit Zug um Zug gegen Besitzübergabe;
- 3 % für die Fassadenarbeiten;
- 5 % nach vollständiger Fertigstellung.

Gesamtkaufpreis ist in maximal sieben Raten fällig

Wichtig zu wissen ist auch, dass der Gesamtkaufpreis in höchstens sieben Teilbeträgen vom Erwerber abverlangt werden darf. Die oben aufgelisteten möglichen Teilzahlungen sind deshalb zu höchstens sieben Raten zusammenzufassen. Dabei sind die Raten nur dann zur Zahlung fällig, wenn der Baufortschritt tatsächlich entsprechend dem Ratenplan erreicht ist. Dies hat im Einzelfall der Bauleiter oder Architekt des Bauträgers zu bestätigen.

Die Prüfung des Bauträgervertrags

Weil der Bauträgervertrag notariell beurkundet werden muss, wird der Vertrag in gewisser Weise bereits durch den Notar geprüft. Dieser ist gesetzlich zur Aufklärung der Vertragsparteien verpflichtet.

Allerdings sollten Sie sich als Erwerber nicht ausschließlich auf diese Überprüfung verlassen. Die Erfahrung zeigt, dass Bauträgerverträge manchmal weniger sorgfältig oder zum Nachteil des Erwerbers abgefasst sind. Gerade beim Bauträgervertrag sollte kein Erwerber darauf verzichten, einen Fachmann seines Vertrauens hinzuzuziehen. Vor allem wenn der Notar für einen bestimmten Bauträger eine Vielzahl von Verträgen beurkundet, ist die Vertragsprüfung durch einen weiteren Spezialisten dringend anzuraten.

Aus diesem Grund sollten Sie sicherstellen, dass Ihnen rechtzeitig vor dem Beurkundungstermin ein Entwurf des Vertrags zugesandt wird, um ihn von einem Fachmann überprüfen zu lassen. Dabei sollte dieser nicht nur die für Sie als Erwerber inakzeptablen Klauseln identifizieren, sondern gleichzeitig Gegenvorschläge formulieren. Wenn Sie befürchten, während des Beurkundungstermins in juristische Diskussionen verwickelt zu werden, sollten Sie sich bei diesem Termin von einem Anwalt begleiten lassen. Dies gilt jedenfalls dann, wenn Sie nicht im Vorfeld alle strittigen Fragen klären konnten.

Lassen Sie sich im Zweifel beim Notartermin von Ihrem Anwalt begleiten

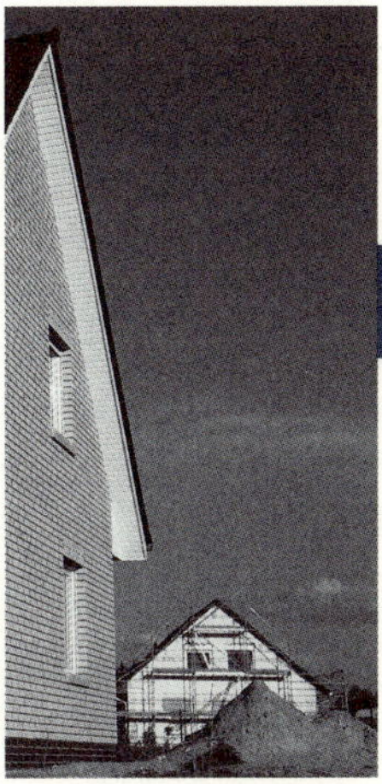

Bei Bauträgerverträgen kommt es häufig zu Auseinandersetzungen, weil die Klauseln in solchen Verträgen meist als Allgemeine Geschäftsbedingungen einzustufen sind. Wenn sie dann nicht den im Bürgerlichen Gesetzbuch (BGB) formulierten gesetzlichen Anforderungen für Allgemeine Geschäftsbedingungen entsprechen, sind sie unwirksam. Dies gilt beispielsweise für überraschende Vertragsklauseln. Obgleich im Fall der Unwirksamkeit einer Klausel lediglich die betroffene Klausel – und nicht etwa der gesamte Vertrag – unwirksam ist, sollten Sie angesichts der infrage stehenden Summen alles dafür tun, einen rechtswirksamen und rechtssicheren Vertrag zu unterschreiben. Einzelheiten zu den Bestandteilen des Bauträgervertrags erfahren Sie ab Seite 117.

Die Prüfung des Bauträgervertrags sollte sich jedoch nicht nur auf den rechtlichen Teil beschränken. Auch in technischer Hinsicht sind viele Verträge unausgewogen oder zum Nachteil des Erwerbers ausgestaltet. Für Sie als Erwerber ist es wichtig, genau zu wissen, welche Leistungen der Bauträger im Einzelnen erbringt. Dies wird in der so genannten **Bau- oder Leistungsbeschreibung** festgehalten. Die Baubeschreibung ist übrigens auch Gegenstand der Beurkundung beim Notar und wird dem Bauträgervertrag als Anlage beigefügt. Allerdings können Sie als Laie in der

Baubeschreibung checken im Hinblick auf Qualität ...

Regel kaum beurteilen, ob die in der Baubeschreibung genannten Leistungen tatsächlich ihren Preis wert sind. Häufig sind Baubeschreibungen auch bewusst so unklar formuliert, dass dem Bauträger bei der Auswahl des konkreten Ausstattungsteils ein weiter Spielraum verbleibt. Je genauer die Baubeschreibung ist, desto weniger Überraschungen werden sich für den Erwerber ergeben.

... und Vollständigkeit

Die Qualität der in der Baubeschreibung genannten Bauleistungen ist jedoch nur ein Aspekt, den Sie überprüfen müssen. Ein anderer Punkt betrifft die Vollständigkeit der Baubeschreibung. Werden einzelne Leistungen dort nicht aufgezählt, wird es im Nachhinein immer zu Auseinandersetzungen kommen.

Beispiel
Das Anbringen von Sockelleisten wird in der Baubeschreibung nicht erwähnt. Der Bauträger wird sich im Zweifel darauf berufen, dass er diese Leistung auch nicht schuldet. Bevor Sie dann mit dem rechtlich unklaren Begriff »schlüsselfertig« argumentieren müssen, sollten Sie besser Vorsorge für eine vollständige Baubeschreibung tragen.

Genau wie bei der rechtlichen Prüfung sollten Sie auch im technischen Bereich nicht darauf verzichten, einen Fachmann Ihres Vertrauens hinzuzuziehen. Die damit verbundenen Kosten stehen in keinem Verhältnis zu den möglichen Nachteilen.

Erläuterungen und Tipps, Baubeschreibungen in ihren Standards zu checken und unterschiedliche Angebote zu vergleichen, finden Sie im zweibändigen Ratgeber »Hausangebote richtig vergleichen«. Das Buch enthält auch eine Muster-Baubeschreibung, die Sie als Vertragsbestandteil nutzen können (☞ Seite 159).

Von einigen Verbraucherzentralen (Adressen ☞ Seite 148) wird auch eine Bauberatung zur Baubeschreibung angeboten und geprüft, ob die Baubeschreibung vollständig und richtig ist. So können Sie späteren Baukostenüberschreitungen beziehungsweise Nachfinanzierungen vorbeugen.

Auswahl des Bauträgers

Mindestens genauso wichtig wie die rechtliche und technische Prüfung des Bauträgervertrags ist die richtige Auswahl des Bauträgers. Gerade im Hinblick auf die bereits angesprochene Insolvenzgefahr, die im Bauträgerbereich besonders häufig auftritt, sollten Sie sich Ihren Vertragspartner vor Unterzeichnung des Vertrags gründlich ansehen.

Bonitätsprüfung

Ist über längere Zeit eine erfolgreiche Geschäftstätigkeit nachweisbar?

Versuchen Sie zunächst herauszufinden, wie lange das Unternehmen bereits in der derzeitigen Rechtsform am Markt tätig ist. Bauträgerfirmen sind in aller Regel als Gesellschaften mit beschränkter Haftung (GmbH) organisiert. Eine GmbH kann mit einem Startkapital von 25.000 € gegründet werden. Die Haftung beschränkt sich immer auf das Vermögen der Gesellschaft. Auch wenn der Geschäftsführer noch so vermögend und seriös ist – im Insolvenzfall haftet er für die Verbindlichkeiten der Gesellschaft nicht. Trennen Sie also sorgfältig das Auftreten der für das Unternehmen handelnden Personen vom Zustand des Unternehmens selbst.

Wichtige Hinweise über die Solidität des Bauträgers können Sie unter Umständen auch von Ihrer Bank oder anderen in der Region tätigen Geldinstituten bekommen. Sie haben auch die Möglichkeit, von einer gewerblichen Auskunftei Informationen über die finanziellen Verhältnisse des Bauträgers zu bekommen. Bedenken Sie jedoch, dass sich derartige Aussagen immer auf Zeiträume in der Vergangenheit beziehen und damit nicht ohne weiteres den derzeitigen Zustand zutreffend wiedergeben.

Erfahrungen früherer Erwerber

Lassen Sie sich Referenzobjekte nennen

Als besonders hilfreich hat es sich erwiesen, frühere Kunden des Bauträgerunternehmens nach ihren Erfahrungen zu befragen. Lassen Sie sich daher von Ihrem zukünftigen Vertragspartner eine Reihe von früheren Kunden nennen. Achten Sie darauf, dass es sich nicht um ausgewählte »Vorzeigekunden« handelt. Befragen Sie diese Bauherren gezielt nach folgenden Punkten:

- Würden Sie noch einmal mit dem Bauträger zusammenarbeiten?

- Wurde der Festpreis tatsächlich eingehalten, oder kamen unerwartete Zusatzbelastungen hinzu?
- Wurde der vereinbarte Fertigstellungstermin eingehalten?
- Traten Baumängel auf?
- Wie verhielt sich der Bauträger, wenn es um die Beseitigung von Baumängeln ging?
- Sind Ihnen andere Kunden des Bauträgers bekannt?

Worauf Sie beim Bauträgervertrag achten müssen

Individuelle Vertragsprüfung unabdingbar

Die Erfahrung zeigt, dass es ganz bestimmte Klauseln sind, die in Bauträgerverträgen typischerweise zu Auseinandersetzungen führen. Welche Punkte dies sind und worauf Sie hierbei achten müssen, erfahren Sie in den folgenden Abschnitten. Dies kann und soll keinesfalls eine individuelle Überprüfung des konkreten Vertrags ersetzen. Allerdings lernen Sie so die »Knackpunkte« kennen, die Sie auf jeden Fall prüfen sollten.

Umfang der Beurkundung

Verlassen Sie sich nicht auf etwaige Nebenabreden

Die Pflicht zur Beurkundung erfasst den gesamten Bauträgervertrag mitsamt seinen Anlagen. Achten Sie deshalb unbedingt darauf, dass sämtliche Zusagen und Versprechungen, die Ihnen vom Bauträger vor Vertragsabschluss gemacht wurden, in den Vertrag aufgenommen werden. Liegen frühere schriftliche Zusicherungen des Bauträgers vor, müssen diese als Anlage dem Vertrag beigefügt werden. Bedenken Sie: Nebenabreden, die nicht beurkundet werden, sind rechtlich unverbindlich. Entscheidend ist allein, was beim Notar beurkundet wird. Besonders hingewiesen sei an dieser Stelle auf die Baubeschreibung, die Bestandteil der Urkunde wird. Achten Sie darauf, dass die Baubeschreibung vollständig ist (☞ Seite 113).

Keine Zahlungen ohne Sicherheiten

Achten Sie darauf, dass nach dem Vertrag keine Zahlungen fällig werden, bevor nicht die in der MaBV vorgesehenen Sicherheiten bestellt sind. Dies gilt besonders für die Eintragung der Auflassungsvormerkung (☞ Seite 32).

Zahlung nach Baufortschritt

Ganz besonders wichtig ist es für Sie als Erwerber, dass Ihre Zahlungen dem tatsächlichen Baufortschritt entsprechen. Prüfen Sie deshalb, ob die im Vertrag vorgesehenen Raten den Festlegungen der MaBV entsprechen (☞ Seite 111). Lassen Sie sich dies im Zweifel noch einmal vom Notar bestätigen.

Festpreis

Festpreisklausel muss »wasserdicht« sein

Die Festpreisklausel gehört zu den wichtigsten Regelungen im Bauträgervertrag. Bei ihrer Prüfung ist fachlicher Rat besonders gefragt. Allzu häufig lassen sich Erwerber durch vollmundige Werbeaussagen in Prospekten oder Zeitungsanzeigen beeindrucken: »garantierter Festpreis«, »Preisgarantie«, »ohne Risiko« ... Wie weit die Verpflichtung des Bauträgers im Hinblick auf den Festpreis aber tatsächlich reicht, ergibt sich allein aus der vertraglichen Regelung.

Bauträger sollte sämtliche Erschließungskosten übernehmen

Besonderes Augenmerk im Zusammenhang mit dem Festpreis sollte auf die **Erschließungskosten** gerichtet werden. Wie bereits dargestellt, versendet die zuständige Behörde ihre Beitragsbescheide grundsätzlich an den im Grundbuch eingetragenen Eigentümer (☞ Seite 44). Nach erfolgter Eintragung haften Sie als Erwerber also für die Ihnen in Rechnung gestellten Erschließungskosten. In einer solchen Situation zeigt sich, wie viel die Festpreisklausel im Vertrag tatsächlich wert ist. Sie sollte in jedem Fall so formuliert sein, dass sich der Bauträger zur Übernahme sämtlicher Erschließungskosten verpflichtet. Dabei sollten ausdrücklich auch solche Maßnahmen erfasst sein, die erst nach Eigentumsübergang auf den Erwerber von der Behörde in Rechnung gestellt werden. Nur wenn dies sichergestellt ist, haben Sie die Möglichkeit, vom Bauträger die Erstattung der Erschließungskosten zu verlangen. Fehlt eine solche Verpflichtung, verbleiben die Erschließungskosten beim Erwerber. Da es sich hier um zum Teil erhebliche Beträge handelt, ist dieser Punkt nicht zu unterschätzen.

Nicht auf vertragliche Regelung verzichten

Ein häufiges Argument von Bauträgern in diesem Punkt lautet: Da die Erschließungsarbeiten ja bereits erbracht sind und dem Bauträger auch in Rechnung gestellt wurden, erübrigt sich eine Erwähnung beziehungsweise Regelung im Vertrag. Dies ist falsch: Als Erwerber können Sie nie wissen, welche Maßnahmen von der Gemeinde bereits abgerechnet sind oder welche gegebenenfalls noch ausstehen. Außerdem kann es sein, dass dem Bauträger lediglich Abschlagszahlungen in Rechnung gestellt wurden und der endgültige Bescheid erst sehr viel später

erlassen wird. Je kürzer die Erschließung des fraglichen Baugebiets zurückliegt, desto weniger sollten Sie in diesem Punkt zu Konzessionen bereit sein.

Festpreis sollte nicht an zusätzliche Bedingungen geknüpft sein

Vorsicht sollten Sie auch bei so genannten **Preisgleitklauseln** walten lassen, mit denen die Verbindlichkeit eines Festpreises häufig aufgeweicht wird. In Bauträgerverträgen finden sich immer wieder Formulierungen, wonach der vereinbarte Festpreis nur dann gilt, wenn mit dem Bau zu einem bestimmten Zeitpunkt begonnen wird. Allerdings kann sich der Baubeginn leicht verschieben, etwa wenn eine Baugenehmigung mit Verzögerung erteilt wird. Aber auch wenn der Bauträger die Unterlagen für die Baugenehmigung nicht rechtzeitig oder nicht vollständig einreicht, kann er den Baubeginn jederzeit beeinflussen. Dies genügt dann, um den Festpreis hinfällig werden zu lassen.

Zusätzlich wird häufig vereinbart, dass sich bei einem späteren Baubeginn der Festpreis in dem Maß erhöht, wie der Unternehmer entsprechende Bauwerke nach der dann gültigen Preisliste anbietet. Obwohl derartige Klauseln in der Regel rechtlich nicht wirksam sind, sollten Sie sich auf solche Formulierungen im Vertrag gar nicht erst einlassen.

Sonderwünsche

Überhöhte Zusatzkosten für Sonderwünsche stellen einen in der Praxis häufigen Grund für Auseinandersetzungen dar. Die Erfahrung zeigt, dass in den allerwenigsten Fällen die Objekte tatsächlich so erworben werden, wie sie der Bauträger in seiner Planung mit Zeichnungen und Baubeschreibung anbietet. Nachdem der Vertrag unterzeichnet worden ist und sich der Erwerber näher mit der Thematik befasst hat, entscheidet er sich oft für eine andere, meist höherwertige Ausstattung. Dies gilt beispielsweise für Bodenbeläge, Sanitäreinrichtungen oder Fliesen. Das Problem liegt in solchen Situationen darin, dass die Verhandlungsposition des Erwerbers nach Unterzeichnung des Bauträgervertrags deutlich eingeschränkt ist. Ist der Vertrag abgeschlossen, muss sich der Bauträger auf Sonderwünsche nicht einlassen. Mancher Bauträger tendiert dann zu überhöhten Preisen, die er angesichts des bereits geschlossenen Vertrags sehr viel leichter durchsetzen kann.

Sonderwünsche frühzeitig anmelden, finanzielle Nachverhandlungen vermeiden

Auch aus diesem Grund macht es Sinn, die Ausstattung des Objekts *vor* Abschluss des Vertrags anhand der Baubeschreibung sorgfältig zu prüfen (☞ Seite 113). Wer dann seine Sonderwünsche rechtzeitig anmelden kann, wird sie noch in die allgemeinen Preisverhandlungen mit einbeziehen können. Auf diese Weise lassen sich in aller Regel günstigere Preise erzielen als nach Vertragsschluss. Kann zunächst keine Einigung mit dem Bauträger erzielt werden, ist es vor Vertragsschluss häufig auch hilfreich, für die fraglichen Sonderwünsche Preisvergleiche mit anderen Anbietern vorzunehmen.

Empfehlenswert: Sonderwünsche immer mit dem Bauträger vereinbaren

Im Zusammenhang mit Sonderwünschen ist auch auf folgenden Punkt zu achten: In vielen Verträgen ist vorgesehen, dass Sonderwünsche direkt mit den ausführenden Firmen zu vereinbaren sind. Das sollten Sie nicht akzeptieren, weil dieses Verfahren eine für den Erwerber nachteilige Aufteilung der Zuständigkeiten am Bau mit sich bringt. Als Erwerber verlieren Sie damit einen der Vorteile, der die Zusammenarbeit mit dem Bauträger gerade attraktiv macht. Wenn Sie die verschiedenen Sonderwünsche direkt in Auftrag geben, haben Sie es letztlich doch mit einer Reihe von verschiedenen Vertragspartnern zu tun. Dies führt zu mehr Aufwand und zusätzlichen Risiken bei der Rechnungsprüfung, dem Umfang und der Durchsetzung von Gewährleistungsansprüchen sowie bei der Bezahlung. Außerdem riskieren Sie im Fall von Baumängeln immer, dass der Bauträger die Ursache auf einen Handwerker schiebt, der die direkt beauftragten Sonderwünsche erbracht hat – und umgekehrt.

Eigenleistungen

Eigenleistungen dem Wert nach fixieren

Die Möglichkeit, durch Eigenleistungen Kosten einzusparen, wird von vielen Bauträgern als Werbeargument benutzt. In der Tat kann ein Erwerber mit entsprechenden Kenntnissen durch die Aufnahme einer »Muskelhypothek« wertvolles Geld sparen. Allerdings neigen hier Bauherren immer wieder zur Selbstüberschätzung. Auch hier gilt, dass eine genaue Regelung über den Umfang der Eigenleistungen in den Bauträgervertrag aufgenommen werden sollte. Dabei ist ganz besonders wichtig, dass der Wert der Eigenleistungen, der zu einem Abschlag vom Kaufpreis führt, exakt festgehalten ist. Wer dies nicht beachtet und erst später über den Gegenwert verhandeln muss, ist möglicherweise auf langwierige Diskussionen angewiesen.

In Ihrem eigenen Interesse sollten Sie auch regeln, in welchem Zeitraum genau die jeweiligen Eigenleistungen erbracht werden können beziehungsweise müssen. Das ist vor allem im Hinblick auf den Fertigstellungstermin wichtig. Wird dieser nicht eingehalten, ist so mancher Bauträger schnell mit der Begründung zur Hand, der Erwerber hätte seine Eigenleistungen nicht rechtzeitig beendet. Gerade wenn der Fertigstellungstermin für den Erwerber ganz besonders wichtig und möglicherweise noch durch eine Vertragsstrafe abgesichert ist, stellen Eigenleistungen ein gewisses Risiko für den Erwerber dar.

Fertigstellungstermin

In vielen Bauträgerverträgen finden sich Regelungen über den Fertigstellungstermin, die für den Erwerber wertlos sind. Nicht selten sind die Klauseln so nachlässig und unklar formuliert, dass bei genauer Betrachtung überhaupt kein fester Termin vereinbart ist. Auch bei Regelungen wie »Fertigstellung fünf Monate nach Baubeginn« wissen Sie als Erwerber letztendlich nicht, wann die Fertigstellung erfolgt, da der Baubeginn nicht bekannt ist.

Fertigstellungstermin durch festes Datum verbindlich machen

Häufig sind Erwerber auf einen festen Termin angewiesen, weil sie ihre bisherige Wohnung zu einem bestimmten Datum räumen müssen. Ist dann der Einzug in das neue Haus noch nicht möglich, stehen Schadenersatzansprüche beziehungsweise Kosten für ein Zwischenquartier und die Einlagerung von Möbeln im Raum. Wer in dieser – meist ohnehin nervenaufreibenden – Phase Stress vermeiden möchte, sollte auf einem festen Fertigstellungstermin im Vertrag bestehen. Um rechtliche Verbindlichkeit zu erlangen, sollte daher ein bestimmtes Datum in den Vertragstext aufgenommen werden.

Beispiel
»Die Fertigstellung erfolgt bis spätestens zum 15. April 2002.«

Achten Sie auch darauf, dass ein auf den ersten Blick verbindlicher Fertigstellungstermin nicht durch Regelungen an anderer Stelle des Vertrags, zum Beispiel Preisgleitklauseln (☞ Seite 120), wieder verwässert wird.

Gewährleistung

Die Gewährleistungsklauseln in den meisten Verträgen sehen unterschiedliche Regelungen für das Grundstück und die Bauleistungen vor.

Für Mängel des Grundstücks wird meist ein Gewährleistungsausschluss vereinbart. Dieser umfasst jedoch nicht unbedingt Altlasten (☞ Seite 25).

Möglichst keine verkürzte Gewährleistungsfrist akzeptieren

Für die Bauleistungen gelten grundsätzlich die Gewährleistungsregelungen im Werkvertragsrecht. Hier kommt es jedoch darauf an, ob der Bauträgervertrag im Hinblick auf die Verpflichtung, das Bauwerk zu erstellen, dem BGB oder der VOB/B unterliegt (☞ Seite 75). Auch wenn die VOB/B zur Anwendung kommt, sollten Sie unbedingt auf einer Verlängerung der zweijährigen Gewährleistungsfrist auf fünf Jahre bestehen.

Die einzelnen Gewährleistungsansprüche

Treten nach der Abnahme Baumängel auf, stehen dem Erwerber dieselben Ansprüche zu wie beim Bauvertrag: Nacherfüllung, Selbstvornahme, Rücktritt, Minderung und Schadenersatz wegen Nichterfüllung (☞ Seite 94). Häufig wird der Anspruch auf Rücktritt, also Rückgängigmachung des Bauträgervertrags, ausgeschlossen. Dies ist weithin verbreitet und spiegelt im Übrigen auch den Umstand wider, dass die Rückgängigmachung bei Bauverträgen in der Praxis ohnehin keine Rolle spielt.

Achten Sie darauf, dass die Gewährleistungsregelungen ohne irgendwelche Einschränkungen Geltung haben. Obwohl derartige Beschränkungen des Gewährleistungsanspruchs in den meisten Fällen unwirksam sind, sollten Sie bei dieser kostenträchtigen Klausel keine Risiken eingehen.

Unwirksame Klauseln für die Einschränkung von Gewährleistungsansprüchen

Aus der Praxis lassen sich folgende Beispiele nennen, in denen versucht wurde, die Rechte der Erwerber bei Baumängeln zu beschränken:

- Verpflichtung, Mängelrügen zunächst bei dem jeweiligen Handwerker anzubringen;
- Begrenzung der Gewährleistung auf »sichtbare Mängel« oder »alle erkennbaren Mängel«;
- Beschränkung auf »Protokollmängel«, also eine Haftung nur für solche Mängel, die im Abnahmeprotokoll aufgeführt sind;
- Regelung, dass das Haus als mängelfrei gilt, wenn der Erwerber den Abnahmetermin versäumt oder das Objekt eigenmächtig oder vorzeitig bezieht;
- Beschränkung der Haftung des Bauträgers auf diejenigen Fälle, in denen er selbst Regress vom Handwerker erlangen kann.

All diese Klauseln wurden in rechtskräftigen Gerichtsentscheidungen für unwirksam erklärt.

Die Prüfung von Verträgen zu Bauträgerhäusern wird auch von einigen Verbraucherzentralen angeboten (Adressen ☞ Seite 148) Sie umfasst den Check der Baubeschreibung und die juristische Prüfung des Vertrags.

Wenn sich beim Bau mit einem Bauträger Schwierigkeiten abzeichnen, sollten Bauherren nicht die Kosten von baubegleitenden Kontrollen scheuen, beispielsweise bei Abnahme der Rohbauarbeiten und anderer Bauabschnitte.

Kauf eines Fertighauses

4

Für den Kauf eines Fertighauses entschließen sich viele Erwerber, weil sie die mit dem Bauen verbundenen Mühen und Risiken vermeiden möchten. Auch die Hersteller von Fertighäusern bewerben ihre Angebote vollmundig mit dem »Service aus einer Hand«. Der Erwerber, so wird in der Werbung suggeriert, kümmert sich um das Grundstück, den Rest kann er dem Fertighausanbieter überlassen. Dass dies so allgemein nicht zutreffend ist, werden Sie in diesem Kapitel erfahren.

Vor- und Nachteile beim Fertighausbau

Beim Ausbauhaus Eigenleistungen einbringen

Die wohl wichtigsten Vorteile beim Fertighausbau sind die schlüsselfertige Lieferung zum Festpreis und die verhältnismäßig kurze Bauzeit. Auch beim Erwerb eines Fertighauses gibt es die Möglichkeit, durch Eigenleistungen Kosten zu sparen – solche Angebote firmieren unter dem Stichwort Ausbauhaus.

Als Nachteile beim Fertighaus werden Einschränkungen bei der Individualität sowie bei der Qualität genannt. Was die individuelle Ausgestaltung anbelangt, so ist natürlich ein Fertighaus nicht mit einem Architektenhaus zu vergleichen. Dennoch gibt es auch bei Fertighäusern zum Teil weit reichende Gestaltungsmöglichkeiten des Erwerbers. Vor allem bei den so genannten Raster-Maß-Fertighäusern besteht – innerhalb der vorgegebenen Fläche – für den Erwerber bei der Raumaufteilung völlige Freiheit. Bei der vor allem bei den frühen Fertighäusern der 1960er und 1970er Jahre gerügten Qualität hat sich nach Einschätzung von Fachleuten in den letzten Jahren einiges zum Besseren entwickelt. Besonders im Hinblick auf Wärme- und Schalldämmung wurden deutliche Fortschritte erzielt. Dennoch sollte jedem Fertighauserwerber klar sein, dass er kein Massivhaus erwirbt.

Höhere Qualitätsstandards, erweiterte Gestaltungsmöglichkeiten

Der von den Verbraucherzentralen herausgegebene Ratgeber »Fertighäuser in Holzbauweise« informiert umfassend über das breite Angebot in diesem Segment; unter anderem geht es um Ausbaustufen, die verschiedenen Bauweisen und -bestandteile, Heizung, Wärme- und Schallschutz und die jeweiligen Kostenkomponenten (☞ Seite 159).

Es gibt jedoch auch Fertighäuser in Massivbauweise. Die massiven Fertigteile, zum Beispiel Wände und Deckenplatten, werden industriell vorgefertigt und lediglich vor Ort zusammengefügt. Auch wenn massive Fertighäuser teurer sind, ergeben sich im Vergleich zu einem massiven Architektenhaus immer noch Preisvorteile.

Alternative: Fertighäuser in Massivbauweise

Musterhäuser und Ausstellungen

Achtung: Musterhäuser zeigen oft Sonderausstattungen

Die meisten angebotenen Fertighäuser können als Musterhäuser und auf »Ausstellungen« in errichtetem Zustand besichtigt werden. Auf diese Weise können sich Interessenten genaue Vorstellungen über das Aussehen und die Größenverhältnisse eines bislang nur aus dem Prospekt bekannten Modells verschaffen. Da häufig auf einem Gelände verschiedene Anbieter ihre Häuser ausstellen, wird dadurch auch ein Vergleich zwischen diversen Herstellern erleichtert. Allerdings sollten Sie sich beim Besuch von Fertighausausstellungen immer darüber im Klaren sein, dass die dort aufgestellten Häuser nicht unbedingt die »Standardausstattung« des jeweiligen Herstellers widerspiegeln. Vielmehr werden dort häufig Häuser mit Sonderausstattungen gezeigt, deren Endpreis dann zum Teil deutlich über jenem der »Standardversion« liegt.

Schwachpunkt Bau- und Leistungsbeschreibung

Beim Kauf eines Fertighauses kommt es erfahrungsgemäß immer wieder zu Auseinandersetzungen, weil nicht in ausreichender Weise geregelt ist, welche Leistungen der Fertighaushersteller genau erbringt. Als Anknüpfungspunkte dient hier die Bau- und Leistungsbeschreibung, die jedoch häufig mit wenig Sorgfalt und Präzision erstellt wird. Genauso wie beim Erwerb vom Bauträger kommt es hier auf eine möglichst exakte Angabe der Leistungen an (☞ Seite 113). Dies gilt nicht nur für Qualität und Beschaffenheit der ausgewählten Materialien, sondern auch für die verwendeten Mengen und Massen. Hier ergibt sich bei entsprechend ungenauen Beschreibungen für den Hersteller ein erheblicher Spielraum.

Beispiel
Die Preise für Einhandmischbatterien im Bad bewegen sich in einer Spanne von ca. 70 bis 300 €, wobei nach oben hin keine feste Grenze existiert. Wenn es dann in der Leistungsbeschreibung lediglich heißt »hochwertige Sanitärinstallationen neuester Bauart«, lässt der Vertrag dem Hersteller nahezu die freie Auswahl für die Fabrikate. Erheblich verbindlicher und günstiger für den Erwerber wäre beispielsweise folgende Regelung: »Einhandmischer der Firma (...), Typ (...), Farbe nach Wahl des Erwerbers (...)«.

Baubeschreibung auf Qualität und Vollständigkeit prüfen (lassen), zum Beispiel von einer Verbraucherzentrale

Dass sich der Umfang von Leistungsbeschreibungen im Fertighausbereich zwischen zwei (!) und bis zu zwanzig Seiten bewegt, zeigt die gravierenden Unterschiede zwischen den Anbietern. Genauso wie beim Bauträger gilt auch hier: Sparen Sie nicht an den vergleichsweise geringen Kosten für einen Fachmann, der die Baubeschreibung auf Vollständigkeit und auch in qualitativer Hinsicht noch einmal überprüft. Ein Laie ist im Normalfall nicht in der Lage zu erkennen, ob eine Baubeschreibung vollständig ist oder nicht.

Obwohl es rechtlich von Vorteil ist, wenn der Vertrag das Wort »schlüsselfertig« enthält, sollten Sie sich auf diesen Notanker nicht verlassen. Stellen Sie beim Einzug fest, dass einzelne Ausstattungsmerkmale, etwa die Sockelleisten, fehlen, können Sie unter Umständen über die im Vertrag vereinbarte schlüsselfertige Herstellung argumentieren. Doch auch wenn Sie damit Erfolg haben, ist noch lange nichts über die Qualität beziehungsweise über den Preis der Ihnen zustehenden Sockelleisten ausgesagt.

Die Grundstücksbeschaffung

Unterschiedliche Serviceangebote der Fertighausanbieter

Die Beschaffung eines Grundstücks ist normalerweise Sache des Erwerbers. Viele Anbieter von Fertighäusern haben jedoch Grundstücke an der Hand, die sie einem Erwerber vermitteln können. In jedem Fall bleibt das Risiko der Bebaubarkeit (☞ Seite 29) des jeweiligen Grundstücks Sache des Erwerbers. Er muss also rechtzeitig prüfen beziehungsweise prüfen lassen, ob das konkrete Grundstück mit dem von ihm gewünschten Haustyp bebaut werden kann.

Allerdings wird auch hier ein unterschiedlicher Service angeboten: Manche Hersteller klären für ihre Kunden die Frage der Bebaubarkeit und kümmern sich auch darum, die erforderliche Baugenehmigung einzuholen. Einzelheiten hierüber finden sich im Fertighausvertrag.

Falls Sie selbst ein Grundstück für Ihr späteres Fertighaus erwerben möchten, informieren Sie sich bitte im Abschnitt »Grundstückserwerb« (☞ Seite 22).

Der Fertighausvertrag

Beim Fertighausvertrag handelt es sich in der Regel nicht um einen Kaufvertrag, sondern um einen Werkvertrag gemäß §§ 631 ff. BGB. Der Fertighaushersteller verspricht nämlich nicht nur die Lieferung der einzelnen Teile – wie in einem Kaufvertrag –, sondern auch die Herstellung eines »schlüsselfertigen« Hauses aus diesen Teilen. Wegen dieser erfolgsbezogenen Komponente wird dies als Werkvertrag eingestuft. Für den Erwerber hat das eine Reihe von Vorteilen, beispielsweise bei den Gewährleistungsansprüchen und deren Verjährung.

Keine Beurkundung des Fertighausvertrags

Unbedingt zu empfehlen: fachliche Prüfung des Fertighausvertrags

Da es im Normalfall Sache des Erwerbers ist, ein Grundstück zu beschaffen, ist auch keine notarielle Beurkundung des Fertighausvertrags notwendig. Ein solcher Vertrag kann theoretisch sogar mündlich geschlossen werden, in der Praxis werden in aller Regel jedoch die vorgefertigten Vertragsmuster der Anbieter zur Anwendung gebracht. Da hier die Kontrolle durch den Notar entfällt, ist bei der Vertragsgestaltung die Versuchung für die Anbieter besonders groß, einseitige Regelungen zu treffen. Aus diesem Grund ist eine intensive Prüfung des Vertrags noch wichtiger als beim Bauträgervertrag (☞ Seite 112).

Viele Problemkreise, die bereits beim Bauträgervertrag angesprochen wurden (☞ Seite 106), gelten entsprechend auch für den Fertighausvertrag. Neuralgische Punkte sind beispielsweise Festpreisklausel, Fertigstellungstermin, Eigenleistungen und Sonderwünsche. Vorgedruckte Vertragsbedingungen der Fertighaushersteller unterliegen ebenfalls den Beschränkungen für Allgemeine Geschäftsbedingungen (☞ Seite 113, 125). Deshalb gibt es in der Rechtsprechung sehr viele Urteile, in denen einzelne Klauseln in Fertighausverträgen für unwirksam erklärt wurden.

Auf welche Punkte Sie beim Fertighausvertrag besonders achten müssen, erfahren Sie im nächsten Abschnitt.

Die wichtigsten Regelungen im Fertighausvertrag

Bau- und Leistungsbeschreibung als Bestandteil des Fertighausvertrags

Leistungsumfang: Welche Leistungen der Fertighaushersteller tatsächlich zu erbringen hat, ergibt sich aus der bereits angesprochenen Bau- und Leistungsbeschreibung (☞ Seite 113). Auf diese wird im Vertrag meist verwiesen. Achten Sie darauf, dass die Baubeschreibung dem Vertrag entweder beigeheftet oder dass eindeutig auf sie Bezug genommen wird, beispielsweise mit einer Formulierung wie »Leistungsbeschreibung Nr. 17/8a, Stand: 1. 1. 2002«.

Auch wenn der Begriff »schlüsselfertig« rechtlich nicht gefestigt ist, sollten Sie darauf achten, dass im Vertrag die »schlüsselfertige Lieferung und Erstellung« des Fertighauses vereinbart wird. Sie stehen dann bei eventuellen Lücken der Baubeschreibung besser da, als dies ohne eine solche Klausel der Fall ist.

Mitwirkungspflichten des Erwerbers: Nicht zu unterschätzen sind die zum Teil erheblichen Mitwirkungspflichten, die für den Erwerber in vielen Verträgen vorgesehen sind. Prüfen Sie genau, inwieweit Sie die dort aufgezählten Punkte tatsächlich selbst erledigen können beziehungsweise wollen.

Eigene Leistungsfähigkeit realistisch einschätzen, Risiken einkalkulieren

Zunächst geht es hier um das Baugrundstück. Dieses ist häufig vom Erwerber freizumachen und für den Baubetrieb vorzubereiten. So muss er beispielsweise dafür Sorge tragen, dass auf dem Grundstück – oder auf einem Nachbargrundstück – ausreichend Lagerplatz für Baumaterialien und Geräte vorhanden ist. Auch für Baustrom und Wasser hat nicht selten der Erwerber zu sorgen. Außerdem ist oft vorgesehen, dass der Erwerber die Baugenehmigung und die Baufreigabe (roter Punkt) einholt.

All diese Punkte sollten Sie sehr sorgfältig abwägen. Nehmen Sie im Zweifel eine Streichung im Vertrag vor. Der Hersteller wird hierfür unter Umständen eine zusätzliche Vergütung verlangen, dafür verbleibt jedoch auch das mit den Leistungen einhergehende Risiko bei ihm.

Solange keine Baugenehmigung vorliegt, sollten Sie einen Fertighausvertrag nur unterschreiben, wenn darin ein Rücktrittsrecht für den Fall vorgesehen ist, dass die Genehmigung nicht erteilt wird.

Finanzierungsbestätigung/Bankbürgschaft: In der großen Mehrzahl der Verträge ist vorgesehen, dass der Erwerber eine Bestätigung des finanzierenden Kreditinstituts vorzulegen hat. Dieser Punkt ist häufig auch bei den Mitwirkungspflichten geregelt, ohne deren Erfüllung der Baubeginn nicht erfolgt. Gegen eine Finanzierungsbestätigung an sich ist nichts einzuwenden. Die Bank bestätigt hier lediglich, dass der Finanzierung des Objekts nichts im Weg steht.

Bankbürgschaft erhöht Erwerbskosten

Anders verhält es sich jedoch, wenn eine Bankbürgschaft verlangt wird. Eine Bürgschaft geht inhaltlich weit über eine bloße Finanzierungsbestätigung seitens der Bank hinaus. Im Bürgschaftsvertrag zwischen der Bank und dem Fertighaushersteller verpflichtet sich diese, im Ernstfall für die Zahlungspflichten des Erwerbers einzustehen. Banken halten sich erfahrungsgemäß sehr zurück, derartige Erklärungen abzugeben. Außerdem stellen Kreditinstitute ihren Kunden für die Abgabe einer solchen Erklärung eine Gebühr in Rechnung, die so genannte Avalprovision. Diese bewegt sich im Bereich zwischen 1,0 und 1,3 % der Summe, für die die Bank die Haftung übernommen hat. Das führt zu einer indirekten Erhöhung des Erwerbspreises.

Wenn irgend möglich, sollten Sie eine im Vertrag vorgesehene Bankbürgschaft nicht akzeptieren und auf einer Streichung dieses Erfordernisses bestehen.

Möglichst eindeutig datierten Fertigstellungstermin im Vertrag festhalten

Baubeginn und Fertigstellung: Genau wie beim Bauträgervertrag sollten Sie auch hier auf eine klare Regelung achten. Meist wird lediglich die Bauzeit – Beispiel: »vier Wochen« – oder der Baubeginn – Beispiel: »nach Erteilung der Baugenehmigung« – geregelt. Soweit Sie selbst dafür verantwortlich sind, die Baugenehmigung einzuholen, ist die Vereinbarung einer festen Bauzeit akzeptabel, beispielsweise »Bauzeit ... Wochen, beginnend mit Erhalt der Baugenehmigung«. Kümmert sich um die Baugenehmigung hingegen der Fertighausanbieter, sollten Sie auf einem festen Fertigstellungstermin bestehen, etwa: »Fertigstellung am 15. Juli 2002«.

Mitwirkungspflichten des Bauherrn können Fertigstellungstermin infrage stellen

Achten Sie auch darauf, dass an anderer Stelle im Vertrag keine Regelungen enthalten sind, die einen verbindlichen Fertigstellungstermin wieder infrage stellen. Die Gerichte haben bereits seit längerer Zeit entschieden, dass Klauseln, die dem Anbieter eine Verschiebung des Fertigstellungstermins um bis zu sechs Wochen erlauben, unwirksam sind. Bedenken Sie auch, dass eventuelle Mitwirkungspflichten (☞ Seite 134) des Erwerbers Auswirkungen auf den Baubeginn beziehungsweise den Zeitpunkt der Fertigstellung haben können. Je mehr Sie als Erwerber von diesen Pflichten übernehmen, desto höher ist das Risiko, dass Sie einen verzögerten Baubeginn oder eine verspätete Fertigstellung zu verantworten haben. Auch unter diesem Gesichtspunkt ist die Übernahme einzelner Mitwirkungspflichten sorgfältig zu prüfen.

Achten Sie auch auf den Unterschied zwischen dem Ende der Bauzeit und der Bezugsfertigkeit. Die Bezugsfertigkeit kann durchaus vor dem Ende der Bauzeit liegen. Wenn

Sie dann einziehen, müssen Sie damit rechnen, dass auch noch nach Ihrem Einzug die Bauarbeiten andauern.

Festpreis: Der Festpreis oder eine »Preisgarantie« ist immer nur so gut wie die entsprechende Regelung im Vertrag. Jeder Hersteller bestimmt durch seine Vertragsformulierungen letztlich selbst, was im Einzelfall unter dem »Festpreis« zu verstehen ist.

Wichtig zu wissen: Welche Leistungen sind nicht im Festpreis enthalten?

Der Knackpunkt einer jeden Festpreisklausel besteht darin festzustellen, welche Leistungen von ihr *nicht* erfasst sind. Häufig sind die entsprechenden Klauseln jedoch so formuliert, dass sie lediglich diejenigen Leistungen aufzählen, die mit dem Festpreis abgegolten sind. Gerade für weniger erfahrene Erwerber besteht dabei die Gefahr, wichtige Punkte zu übersehen. Dies führt dann zu unerfreulichen Überraschungen in Form von zusätzlichen Baukosten. Besonders vorsichtige Erwerber lassen sich deshalb in einer gesonderten Erklärung diejenigen Leistungen abschließend aufzählen, die nicht im Festpreis beziehungsweise der Preisgarantie enthalten sind. Auf diese Weise werden dem Erwerber die zusätzlich zu tragenden Kosten plastisch vor Augen geführt.

Achtung: nicht im Festpreis enthalten!
Üblicherweise werden die folgenden Kosten in den meisten Klauseln direkt oder indirekt vom Festpreis ausgenommen:

- Grundstücks- und Erschließungskosten;
- Baunebenkosten, zum Beispiel Hausanschlüsse für Strom, Wasser und eventuell Gas, Abwasserkanal mit Kontrollschacht;
- Kosten für Erdabfuhr und Deponiegebühren, soweit noch alte Bausubstanz vorhanden ist, kommen neben den Abbruchkosten noch die Zahlungen für die Abfuhr des Bauschutts hinzu;

☞

- Vermessungsgebühren für Geländeschnitte, amtliche Lagepläne, Absteckung des Baukörpers;
- Kosten für das Baugenehmigungsverfahren sowie Gebühren eines Prüfstatikers;
- besonders kostenträchtig sind die Außenanlagen. Dazu gehören der Hauszugang, die Garageneinfahrt, Hubflächen, Stellplätze, Müllboxen, Terrassen, jeweils mit Entwässerungsrinnen. Nicht zu vergessen sind die Kosten für die Bepflanzung des Grundstücks.

Prüfen Sie genau, welche Positionen im Festpreis enthalten sind. Nur so können Sie sich auch auf den Festpreis verlassen. Soweit einzelne Punkte fehlen, müssen Sie zu Ihren Erwerbskosten noch die realistischen Werte für diese Leistungen hinzufügen. Wer hier nicht sorgfältig prüft, muss mit zum Teil erheblichen Zusatzkosten rechnen.

Eigenleistungen: Zu den Eigenleistungen gelten die zum Bauträgervertrag formulierten Hinweise entsprechend (☞ Seite 122). Wegen der industriellen Vorfertigung der einzelnen Bauteile müssen Eigenleistungen und Sonderwünsche besonders früh vereinbart werden. Anders als beim Bauträgervertrag ist es deshalb durchaus möglich, dass Änderungen des Leistungsumfangs nach Abschluss des Vertrags nicht mehr akzeptiert werden.

Zahlungsraten und tatsächlicher Baufortschritt sollten übereinstimmen

Zahlungsregelungen: Die meisten Fertighausverträge sehen Zahlungspläne vor, nach denen der Gesamtpreis in drei bis vier Schritten zu leisten ist. In diesem Zusammenhang ist zu erwähnen, dass die Zahlungsraten der Makler- und Bauträgerverordnung (MaBV, ☞ Seite 111) für den Fertighausvertrag keine Anwendung finden. Aus diesem Grund müssen Sie selbst prüfen beziehungsweise prüfen lassen, ob die Raten des Zahlungsplans mit dem tatsächlichen Baufortschritt wertmäßig übereinstimmen.

Beispiel
Ein akzeptabler Zahlungsplan in einem Fertighausvertrag kann beispielsweise wie folgt aussehen:

- Vorlage der Baugenehmigung: 5–10 %
- Montage des Hauses: 55–60 %
- Fertigstellung des Innenausbaus: 30 %
- Vorlage der Schlussrechnung und Abnahme des Hauses: Restzahlung

Möglichst keine verkürzte Gewährleistungsfrist akzeptieren

Gewährleistung: Da der Fertighausvertrag in der Regel als Werkvertrag eingestuft wird, gelten die Hinweise zum Bauvertrag hier entsprechend (☞ Seite 88, 94). Lassen Sie sich auf keinen Fall auf eine Gewährleistungsfrist von nur zwei Jahren ein. Bestehen Sie auf einer fünfjährigen Gewährleistung. Auch wenn dem Vertrag die VOB/B (☞ Seite 75) zugrunde liegen sollte, ist eine Verlängerung der zweijährigen Gewährleistungsfrist auf fünf Jahre rechtlich möglich.

Gefahrenübergang: Nach den gesetzlichen Bestimmungen findet der Gefahrenübergang (☞ Seite 91) mit der Abnahme statt. Dabei sollten Sie es unbedingt belassen. In manchen Verträgen wird versucht, den Gefahrenübergang vorzuverlegen. So finden sich beispielsweise Klauseln, nach denen auch die Transportgefahr beim Erwerber liegen soll. Auch wenn derartige Bestimmungen in der Regel rechtlich unwirksam sind, sollten Sie dies nicht akzeptieren. Stellen Sie vielmehr klar, dass der »Erfüllungsort« für die Leistungen des Herstellers die Baustelle ist.

So vermeiden Sie die häufigsten Fehler beim Bauen

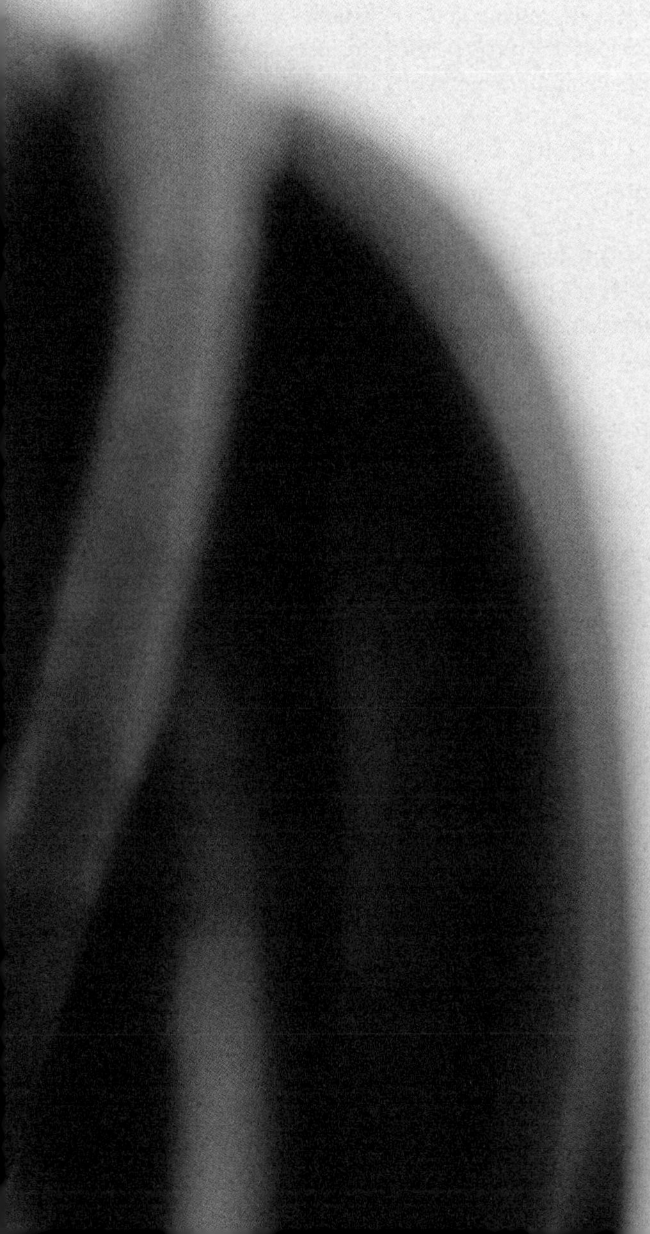

»Erfahrungsvorsprung« des Bauunternehmers

Die Realität zeigt, dass schlechte Erfahrungen beim Bauen auf immer wiederkehrende Fehler zurückzuführen sind. Der eigentliche Hintergrund für böse Überraschungen liegt oft darin, dass beim Bauen zwei unterschiedlich erfahrene Partner zusammenkommen: Der Bauherr ist in der Regel Laie und mit den Feinheiten beim Bauen weniger bewandert. Anders sieht es – meistens – auf der Seite des Bauunternehmers aus, der unter Umständen schon jahrzehntelang Erfahrungen hat sammeln können und damit einen gewaltigen Vorsprung gegenüber dem Bauherrn hat.

Eine Analyse der Hauptursachen für »Ärger am Bau« zeigt, dass es immer wieder dieselben Punkte sind, die typischerweise zu Verdruss führen. In der folgenden Checkliste finden Sie die häufigsten Fehler, die in der Praxis von Bauherren begangen werden. Wenn Sie sich diese Punkte bewusst machen und bei der Umsetzung ihres Vorhabens berücksichtigen, haben Sie eine weit überdurchschnittliche »Vorsorge« für Ihr Projekt getroffen.

Checkliste	
Bauentscheidung nicht sorgfältig vorbereitet	Spontane Entscheidungen, zum Beispiel nach Ärger mit dem Vermieter oder unerwartetem Zufluss von Geld, führen zu vorschnellen Festlegungen; Alternativen werden nicht durchgespielt, Angebote nicht miteinander verglichen, Verträge ungeprüft unterzeichnet. Die Lage des Grundstücks und seine infrastrukturelle Anbindung werden in ihrer Bedeutung unterschätzt.
fehlerhafte Bedarfsplanung	Der tatsächliche Raumbedarf wird nicht sachgerecht festgelegt; so wird zum Beispiel nicht geprüft, ob ein Keller tatsächlich notwendig ist.
Beratung zu spät in Anspruch genommen	Beispiele: Beratungsangebote der Verbraucherzentralen (Baufinanzierung, Bauberatung zur Baubeschreibung, Vertragsprüfung), Rechtsanwalt, Baufachmann, Steuerberater, Finanzierungsspezialist.
Sonderwünsche zu spät angemeldet	Einzelheiten der Leistungsbeschreibung wurden erst nach Vertragsunterzeichnung genauer geprüft.

☞

Checkliste Fortsetzung	
Eigenleistungen im Vertrag nicht sorgfältig berücksichtigt	Regelungen über die »Vergütung« der Eigenleistungen und den Zeitraum, in dem diese zu erbringen sind, fehlen oder sind nicht klar genug formuliert.
unprofessionelles Vorgehen bei auftauchenden Baumängeln	Mängel beziehungsweise Gewährleistungsansprüche werden nicht rechtsbeständig angemeldet und sachgerecht dokumentiert; durch private Korrespondenz ohne rechtliche Absicherung entsteht Zeitverlust und werden Fristen nicht eingehalten.
von einer Bank angebotene Finanzierung ungeprüft übernommen	Mangelhafte Vorbereitung des Verhandlungsgesprächs mit der Bank; keine Konkurrenzangebote eingeholt.
unangemessenes Finanzierungsvolumen	Die monatliche Belastung durch Zins- und Tilgungszahlungen ist zu hoch; es fehlt Spielraum bei der Finanzierung von Zusatzkosten oder Baukostenüberschreitungen. Über sämtliche finanziellen Fragen beim Hausbau informiert der Ratgeber »Baufinanzierung« der Verbraucherzentralen (☞ Seite 159); er enthält auch Checklisten für den Finanzierungsbedarf und die finanzielle Belastung.
fehlerhafte Budgeterstellung	Beispiel: Erschließungskosten in der Budgetplanung nicht berücksichtigt.
unzureichende Bonitätsprüfung	Geschäftlicher Ruf und Bonität von wichtigen Vertragspartnern (Architekt, Bauunternehmer, Bauträger etc.) sind nicht ausreichend geprüft worden.

Als (zukünftiger) Bauherr haben Sie in diesem Ratgeber die wichtigsten Risiken beim Bauen kennen gelernt. Die Erfahrung zeigt, dass die großen »Pannen« am Bau auf eine Reihe ganz bestimmter Fehler beziehungsweise Nachlässigkeiten zurückzuführen sind. An erster Stelle sind die Fälle zu nennen, in denen sich der Bauherr blauäugig und ohne sorgfältige Vorplanung in das »Abenteuer Bauen« gestürzt hat und dann teures Lehrgeld bezahlen musste.

Gehen Sie deshalb Ihr Vorhaben in Ruhe und mit einer vernünftigen Zeitplanung an. Lassen Sie sich nicht unter Zeitdruck setzen, und wählen Sie vor allem Ihre Geschäftspartner am Bau sorgfältig aus. Wenn Sie sich auf seriöse und erfahrene Unternehmer verlassen können, ist dies schon die »halbe Miete«.

Spielen Sie als Bauherr eine aktive Rolle

Bemühen Sie sich auch, ein »aktiver« Bauherr zu sein. Versuchen Sie, dem Geschehen am Bau so nah wie möglich zu folgen. Lassen Sie nicht den Dingen ihren freien Lauf – nach dem Motto: »Das wird schon klappen ...« Je mehr Sie sich selbst um Ihr Bauvorhaben kümmern, desto geringer ist die Wahrscheinlichkeit, dass Sie von auftauchenden Problemen völlig unerwartet überrascht werden. Je »näher« Sie am Baugeschehen teilhaben, desto schneller erfahren Sie, wo es »klemmt«, und desto schneller können Sie eingreifen.

Kostspielige »Sicherheitspakete«: baubegleitende Überwachung im Auftrag des Bauherrn

Für Bauherren, die auf Nummer sicher gehen wollen, bieten eine ganze Reihe von Kreditinstituten und Sachverständigenorganisationen – beispielsweise TÜV oder Dekra – eine baubegleitende Überwachung beziehungsweise Qualitätsprüfung an. Die Palette der angebotenen Leistungen unterscheidet sich je nach Anbieter und deckt im Wesentlichen folgende Bereiche ab:

- Bonitätsprüfung des Bauunternehmers
- Prüfung der Bauqualität während der verschiedenen Bauphasen und -abschnitte
- durchgängiges Baucontrolling
- Baufertigstellungsgarantie im Insolvenzfall
- Gewährleistungsgarantie
- Dokumentation der einzelnen Bauabschnitte
- baubiologische Prüfungen, Schadstoffmessungen nach Fertigstellung
- Prüfung von Planungsunterlagen und Baubeschreibung
- Wertermittlungen
- Altlastenerkundung
- Durchführung von Zwischenabnahmen
- Begleitung des Bauherrn bei der (Schluss-)Abnahme

Allerdings sind derartige »Zertifikate« kostspielig und stellen auch keine Versicherung gegen alle Risiken dar. Die Preise für derartige »Sicherheitspakete« bewegen sich im Bereich zwischen 2.000 und 4.000 €.

Was sich genau hinter den vollmundigen Angeboten verbirgt, muss sorgfältig geprüft werden. Bevor Sie sich also für ein solches Angebot entscheiden, sollten Sie zunächst genau den Ihnen vorgelegten Vertrag prüfen. Erst wenn Sie wissen, welche Leistungen im Einzelnen erbracht werden, können Sie auch beurteilen, ob der Preis für das Angebot angemessen ist. Wenn Sie Zweifel haben, ob einzelne Leistungen sinnvoll sind oder ob die geforderte Vergütung angemessen ist, sollten Sie Ihren Architekten um Rat fragen.

Anhang

6

Verbraucherzentralen

Verbraucherzentrale Baden-Württemberg e. V.
Paulinenstraße 47
70178 Stuttgart
Telefon 07 11/66 91-10
Telefax 07 11/66 91-50
www.verbraucherzentrale-bawue.de

Verbraucherzentrale Bayern e. V.
Mozartstraße 9
80336 München
Telefon 0 89/53 98 70
Telefax 0 89/53 75 53
www.verbraucherzentrale-bayern.de

Verbraucherzentrale Berlin e. V.
Bayreuther Straße 40
10787 Berlin
Telefon 0 30/2 14 85-0
Telefax 0 30/2 11 72-01
www.verbraucherzentrale-berlin.de

Verbraucher-Zentrale Brandenburg e. V.
Templiner Straße 21
14473 Potsdam
Telefon 03 31/2 98 71-0
Telefax 03 31/2 98 71-77
www.vzb.de

Verbraucherzentrale des Landes Bremen e. V.
Altenweg 4
28195 Bremen
Telefon 04 21/16 07 77
Telefax 04 21/1 60 77 80
www.verbraucherzentrale-bremen.de

Verbraucher-Zentrale Hamburg e. V.
Kirchenallee 22
20099 Hamburg
Telefon 0 40/2 48 32-0
Telefax 0 40/2 48 32-290
www.vzhh.de

Verbraucher-Zentrale Hessen e. V.
Große Friedberger
Straße 13–17
60313 Frankfurt
Telefon 0 69/97 20 10-0
Telefax 0 69/97 20 10-50
www.verbraucher.de

Verbraucherzentrale Mecklenburg-Vorpommern e. V.
Strandstraße 98
18055 Rostock
Telefon 03 81/4 93 98-0
Telefax 03 81/4 93 98-30
www.verbraucherzentrale-mv.de

Verbraucher-Zentrale Niedersachsen e. V.
Herrenstraße 14
30159 Hannover
Telefon 05 11/9 11 96-0
Telefax 05 11/9 11 96-10
www.vzniedersachsen.de

Verbraucher-Zentrale Nordrhein-Westfalen e. V.
Mintropstraße 27
40215 Düsseldorf
Telefon 02 11/38 09-0
Telefax 02 11/38 09-172
www.verbraucherzentrale-nrw.de

Verbraucherzentrale Rheinland-Pfalz e. V.
Ludwigstraße 6
55116 Mainz
Telefon 0 61 31/28 48-0
Telefax 0 61 31/28 48-66
www.verbraucherzentrale-rlp.de

Verbraucherzentrale des Saarlandes e. V.
Hohenzollernstraße 11
66117 Saarbrücken
Telefon 06 81/5 00 89-0
Telefax 06 81/5 88 09-22
www.vz-saar.de

Verbraucher-Zentrale Sachsen e. V.
Bernhardstraße 7
04315 Leipzig
Telefon 03 41/6 88 80 80
Telefax 03 41/6 89 28 26
www.vzs.de

Verbraucherzentrale Sachsen-Anhalt e. V.
Steinbockgasse 1
06108 Halle
Telefon 03 45/2 98 03-29
Telefax 03 45/2 98 03-26
www.vzsa.de

Verbraucherzentrale Schleswig-Holstein e. V.
Bergstraße 24
24103 Kiel
Telefon 04 31/5 90 99-0
Telefax 04 31/5 90 99 77
www.verbraucherzentrale-sh.de

Verbraucher-Zentrale Thüringen e. V.
Eugen-Richter-Straße 45
99085 Erfurt
Telefon 03 61/5 55 14-0
Telefax 03 61/5 55 14-40
www.vzth.de

Bei Ihrer Verbraucherzentrale können Sie die Adresse der nächstgelegenen Beratungsstelle erfragen.

Register

E

F

G

6

P

R

S

V

W

Z

6

6

Ratgeber der Verbraucherzentralen

Hier können wir Ihnen nur eine kleine Auswahl unseres mehr als 80 Titel umfassenden Ratgeberprogramms vorstellen. Auf Wunsch senden wir Ihnen gern das Gesamtverzeichnis aller Publikationen zu.

Unsere Ratgeber können Sie in den Beratungsstellen der Verbraucherzentralen kaufen oder bei den Herausgebern (Adressen ☞ Impressum, Seite 2) bestellen. Bitte schicken Sie weder Geld noch Schecks oder Briefmarken. Sie erhalten mit der Lieferung eine Rechnung. Zu den genannten Preisen (Stand: Februar 2002) kommen noch Porto und Versandkosten.

Baufinanzierung

Ein unentbehrliches Handbuch für alle, die bauen oder ein Haus bzw. eine Wohnung kaufen wollen. Es bietet Informationen zur finanziellen Absicherung sowie das Grundwissen zu den Finanzierungsformen »Hypothekendarlehen«, »Lebensversicherungshypothek« und »Bausparen«. Mit Checklisten für Finanzierungsbedarf und finanzielle Belastung.
192 Seiten, 9,20 €

Hausangebote richtig vergleichen

Wer baut, muss viele Entscheidungen treffen. Unser Ratgeber zeigt, welche Leistungen in einem Angebot enthalten sind, und hilft Angebote zu vergleichen und Standards und Qualitäten zu überprüfen. Der zweite Band enthält eine Muster-Baubeschreibung, die Sie als Checkliste, als Vergleichsbasis und als Vertragsbestandteil nutzen können.
Zwei Bände, zusammen 197 Seiten, 7,67 €

Fertighäuser in Holzbauweise

Warum ein Vermögen bezahlen, um das Traumhaus zu kaufen? Wir erläutern die Vielfalt der Ausbaustufen, beschreiben die verschiedenen Holzbauweisen, informieren über Keller, Wand, Dach, Fenster, Heizung, Warmwasserbereitung, Wärme- und Schallschutz usw. Außerdem gibt es Informationen zu Kostenkomponenten und Verträgen.
318 Seiten, 12,78 €

Kostensparende Hausangebote

Nicht immer ist Bauen teuer und zeitaufwändig. Es gibt kostensparende Hausangebote, die in dieser Marktübersicht unter die Lupe genommen werden. Ein Leitfaden liefert Hintergrundinformationen über Preise, Angebotsformen und rechtliche Fragen. Mit ausführlicher Übersicht über Typenhäuser aus der Preisklasse 1.000 €/m².
140 Seiten, 12,78 €

Wintergärten

Wintergärten stehen hoch im Kurs. Dieser Ratgeber hilft bei vielen Fragen, wie z. B. zur Energieeinsparung, zum Klima im Glashaus, zu Bausystemen, zum richtigen Material, zum Marktangebot und zur Vertragsgestaltung. Nützliche Adressen und Erläuterungen zu vielen Fachbegriffen runden den Ratgeber ab.
98 Seiten, 5,11 €

Häuser aus zweiter Hand

Warum nicht ein gebrauchtes Haus kaufen, um darin selbst zu wohnen? Neben Tipps zur Bestimmung der eigenen Wohnwünsche und zur Suche finden Sie Hinweise, wie man Bauschäden erkennt und die Preiswürdigkeit des Hauses bestimmen kann. Ratschläge zum Abschluss von Verträgen machen das Nachschlagewerk komplett.
158 Seiten, 7,16 €

Die Eigentumswohnung

Mit dem Kauf einer Eigentumswohnung verbinden sich viele Wünsche. Der Ratgeber zeigt Ihnen, worauf Sie vor und bei dem Kauf achten sollten, welche Regeln für das Zusammenleben im Haus gelten, wie die Verwaltung einer Wohnanlage funktioniert und was Sie beachten sollten, wenn Sie Ihre Wohnung vermieten möchten.
192 Seiten, 9,20 €